インド哲学10講

赤松明彦
Akihiko Akamatsu

岩波新書
1709

目　次

凡　例

本書での原典からの引用は、特にことわらない限り、すべて筆者による翻訳です。すでにすぐれた翻訳があるものについても、あえて自分の翻訳にこだわったのは、入門書という性格を考えて、できるだけ文章を平明にするとともに、自分の文章のリズムを崩したくなかったからです。本書を執筆するにあたって多くの研究と翻訳を参照したことは言うまでもなく、それらに対しては、はじめに感謝の気持ちを表します。

また、引用文に対して、それを「詩節」という言い方で言及している場合がありますが、それは原文が韻文であることを意味します。ただし、韻文調の翻訳とせず、できるだけ原文の文意に忠実な散文訳を示しています。

本文中で現代の研究や翻訳について言及する際は、筆者名と書名・論文名を挙げました。原典については、標準的な校訂テキストをできる限り使い、該当箇所を示す記号（詩節番号や頁・行など）を、慣例に従って示しています。依拠した原典の多くは、サンスクリット語で書かれたものです。引用文中の（　）は、原語や言い換えによる説明であることを、［　］は、原文の意味を補うために挿入した語句であることを示します。ただし、読みやすさを考え、そうした補いは最小限にとどめました。

講義をはじめる前に

「インド哲学」ということ

インド哲学の核心をわかりやすく語ること。固有名詞を羅列するのではなく、専門用語に依存するのでもなく、全般的な概説をするのでもない。いにしえのインド人たちが何をどのように考えてきたのかを、誰にでもわかるように語ること。これが「インド哲学10講」というタイトルのついたこの新書に与えられた役割である。

とはいえ、この本は、「インド哲学」の本である。つまり、「インドの哲学」についての本である。「インドの」という限定がついてはいても、「哲学」の本である。「哲学」が、人間の考えたこと、考えてきたことを意味するのならば、それはインド人であろうと、西洋人であろうと、中国人であろうと、日本人であろうと、人間であることに違いはないのだから、考えることにも違いがあることはないだろう。だから、わざわざ「インドの」と限定する必要はないのではないか。

しかしそれでも、ここで語るべきは「インドの哲学」だというのであれば、インド人に固有の考え方と思われるものを特に取りだして、それをことさら論じるということになるだろう。つまり、インド以外の地域や文化に属する人々の考え方との「違い」に注目して、特にそれらを取りだすわけである。しかし、「違い」を知るためには、共通点についても知らなければならないだろう。なぜなら、両方の考え方が全く違っていて共通点がないならば、一方が他方を理解することは、おそらく不可能だからである。

ところで、私は日本人である。日本人である私が、インド人の考えたこと、考えてきたことについて自分の頭で考えて語ってみるというのが、この本の肝心かなめだけれども、インド人ではない私が、果たしてインド人の考えたことを理解できるのだろうか。それは不可能ではないか。

しかし、それが不可能であったら、この本を書くことはできない。それにそもそも私は、不可能だとは思っていない。私は、インド人の考えたこと、考えてきたことをよく理解できているると思っているし、たぶんそうした思いは間違ってはいないはずである。ということは、日本人である私も、インド人とそれほど違った考え方をしているわけではない、ということになるだろう。つまり、両方の考え方には、共通点があるということである。そうであれば、同じように、西洋人や中国人とも、その考え方において、インド人には共通点があるということになるのではないか。

こんな風に考えた結果、この本では、「インド哲学」ということで、インド人に固有の考え方を特に取りだしてみせるというのではなく、インド人の考え方のなかにある、インド以外の人たちの考え方と似ているところを積極的に示しながら、「インド哲学」を構成しているいくつかのテーマについて考察してみることにした。本書のなかで直接的に示せない場合でも、そうしたことを常に考えるようにしたいと思う。

もちろんそれは、単に似ているところを並べてみて、「どうです似ているでしょう」とみなさんに見せるということではない。ある事柄について、いにしえのインド人がどう考えたかをよく表している具体的な言葉を、原典から引用して考察し、その思想の内容をよりよく理解するために、われわれにとってはなじみのある日本や中国や西洋の哲学者・思想家の考え方、その人たちの言葉をも手がかりにしてみようというわけである。

何を論じるか

そこで本書では、インド哲学を構成している主要な一〇の考え方を取りだして、それらを主題とし、合わせて一〇回の講義を行う。それらの主題は、インド哲学全体を歴史的に俯瞰してみたときに、そこに表れてくる色々な考え方の基本的な構造を成すものである。

通常であれば、この種の本は、「インド哲学史」というようなタイトルをつけて、インドにおける哲学・思想の歴史を概説するものになるのだろう。インドには古代から正統の哲学、つまり「ヴェーダ」の伝統を保持した哲学として、六つの学派があった。サーンキヤとヨーガ、ミーマーンサーとヴェーダーンタ、ニヤーヤとヴァイシェーシカの各派である。それらに加えて、反正統的な思想の流れを作り出したものとして、仏教とジャイナ教、そして唯物論(ローカーヤタ派)があり、さらにヒンドゥー教の代表的な哲学としてシヴァ教の哲学がある。また、ヴェーダの補助学のひとつとして成立し、学派としては長い伝統を形成している文法学派もある。

一〇回程度の講義をするなら、これらを毎回ひとつずつ取り上げて述べていくというのが、普通の方法だろうし、またその方がすっきりとしたものになるだろう。しかし、頁数の限られた新書でそのようなかたちをとれば、本当に粗筋だけの概説になってしまい、なにやら聞き慣れない人物や経典の名前だけが次々に出てくるということになるだろう。だからそのようなことを避けて、この本では、インド人の哲学の中心を形づくっている主題を取り上げて、それらについて学び、考えることにしたいと思っている。

目次を見ていただければわかるように、一〇のテーマは、普通われわれが西洋哲学で学ぶものと変わらない。特に西洋で「形而上学」と呼ばれているものにほぼ一致していると言える。哲学の問いとしては、もっぱら「存在」に関わっていて、「存在とはなにか」、そして「それに

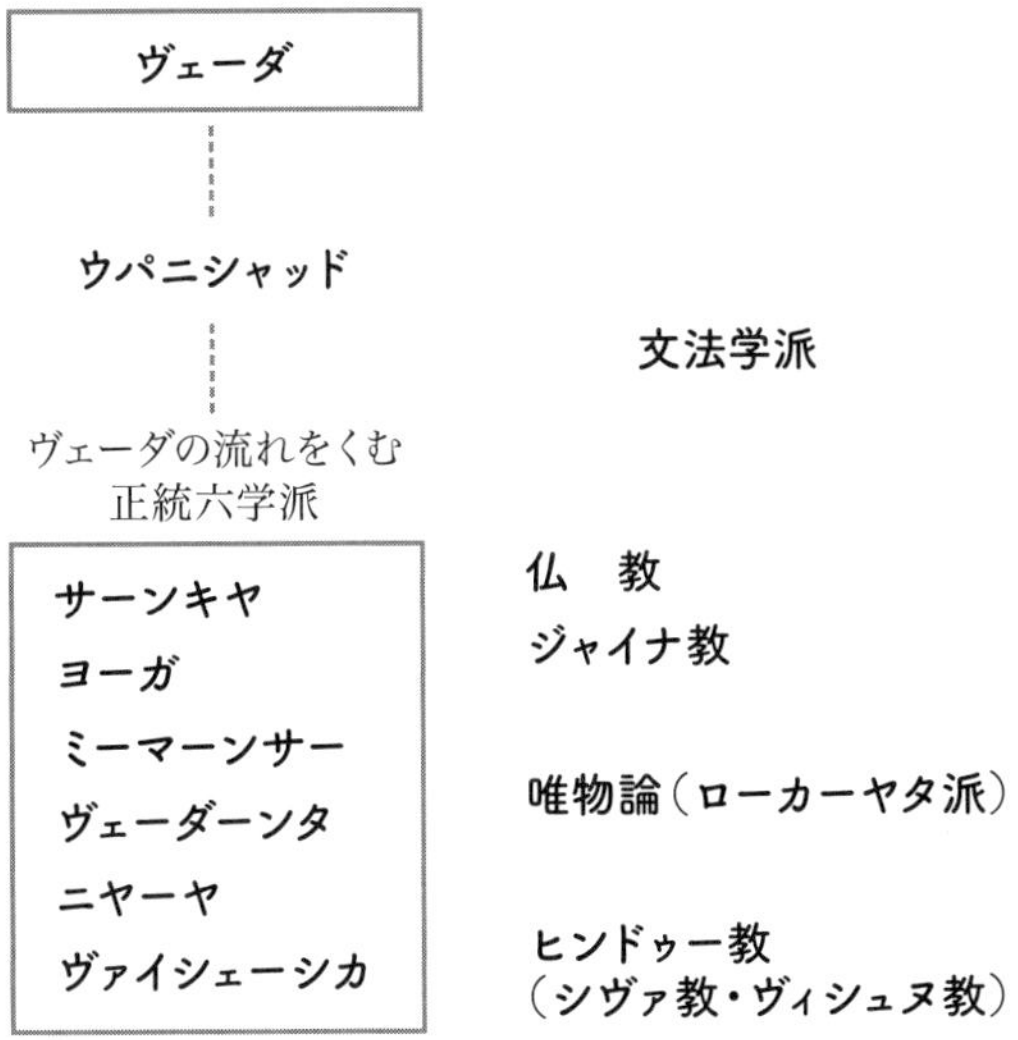

よって理解される世界はどのようなものであるのか」という問いに答えようとするものである。

　哲学のもうひとつの問いである、「この世界で人はいかに正しく生きるべきか」も、もちろん重要な問いとして古代インドにもあった。いや、実はインド哲学の諸学派はすべて、この問いに答えることを自分たちの哲学の役目としていたと言うこともできるのである。なぜなら、確かにそれは建前でしかないように見えることもあるが、とにかくインドの思想家は、唯物論者を別にして、すべてその学問の最終目的としては「解脱」――人生の苦＝「輪廻」からの解放――を説いているからである。そこで説かれる「正しい生き方」が、つまり「ダルマ(法)」であった。
教えを説くことを「説法」と言うが、なにも説法をしたのは、釈迦だけではない、ジャイナ教の思想家もヒンドゥー教の思想家もみな「法」を説いたのである。ただ、「正しい生き方」に重点をおくと、インドの思想は、「宗教」と重なってしまうだろう。そこで今回の講義ではもっぱら、「存在」に関わる哲学的問いを扱うことにした。「法」については別の機会に譲りたい。

ただし、ここで言っておかなければならないが、本書で取り上げる主題を選ぶにあたって、私は、自分がこれまで読んできたインド哲学の原典のなかからジャイナ教のものを参照することにした。ジャイナ教は、仏教の開祖ゴータマ・ブッダが活躍したのと同じ前六―五世紀という時代に、マガダ国という同じインド東部の地域で、出家苦行者として活動していたマハーヴィーラを開祖(宗教改革者)とする、インドの宗教である。現代のインドでも、信徒の数こそ四五〇万人程度で総人口の〇・五%にも満たないが、社会的には有力な宗教のひとつである。

ジャイナ教の思想は相対主義的な傾向をもっている。他学派と議論する場合でも、ひとつの主張を様々な観点から論じてみて、思想の可能性を追求しようとする姿勢が見てとれる。そのため、ジャイナ教の人たちは、同時代の諸学派の思想を、全体的な観点から考察の対象として、それを「学説誌」(ドクソグラフィー)として著すということを早い時期からしてきたのであった。

なかでも、六世紀の思想家であるマッラヴァーディンが著した『一二の輻《スポーク》からなる観点の車輪(ドゥヴァーダシャ・アラ・ナヤ・チャクラ)』(以下、『観点車輪』と省略)はそのような論書の先駆けである。この原典は残念なことに現存していないが、これに対するシンハスーリ(六世紀後半)の注釈書『論理探求(ニヤーヤ・アーガマ・アヌサーリニー)』が残されており、われわれはこれを参照することができる。本書の主題とその論述内容の枠組みは、この『観点車輪』からヒントを得たものである。

それでは、講義をはじめることにしよう。

第 *1* 講

インド哲学のはじまりと展開

――ウッダーラカ・アールニの登場

哲学のはじまり／『チャーンドーギヤ・ウパニシャッド』第六章／ウッダーラカの教示／変容と「言葉による把捉」／世界のはじまりと〈あるもの〉／〈ないもの〉があった／一と多を媒介する三つのもの／ブラフマンとアートマン／「名称と形態」が世界をつくる／現象界における三要素から成るもの／人間のなかの三要素から成るもの／ここまでのまとめと展望／「おまえはそれである」

哲学のはじまり

本論に入る前に、まずここで、古代インドにおいて、哲学は、いつ頃、どのようにしてはじまったのかということを考えておくことにする。この世界で「哲学」そのものがはじまったのは、前六―五世紀頃のギリシアであるとされる。ただ、「哲学」ということを、「世界と人生とについての理性的な自由な反省」(野田又夫『哲学の三つの伝統』)というような大きな意味でとらえると、そのような活動は、古代ギリシアだけでなく、インドと中国でも同じ頃に起こっていたと言うことができる。

そしてよく言われることだが、そこに見られるのは、「神話的思考」から「哲学的思考」への移行である。神話は、神々の所行や、世界のはじまり、人間の誕生について語るものである。世界に関わる事柄を神々の仕業に結びつけて説明するのが神話的思考である。インドにおいても、「ヴェーダ」や「ブラーフマナ」といった文献には、神話的思考が明らかに見られる。

これに対して哲学的思考は、世界の背後に普遍的な原理のはたらきを認め、抽象的な概念と論理的な言葉の使用によって世界の成り立ちを説明しようとするものであると言うことができるだろう。

では、インドにおいて、そのような哲学的思考はいつ頃はじまったか。

インド最古の文献である『リグ・ヴェーダ』は、紀元前一二〇〇年頃に完成したと言われている。ちなみに、古代インドの文献に関して言えば、その成立年代が確かなものはひとつもない。多くは相対的に決定されるだけであるということを、憶えておいていただきたい。

『リグ・ヴェーダ』は、全部で一〇巻から成る、千余りの詩篇の集成である。そこに含まれる詩の多くが神々にささげられたものであるが、長い時間をかけて完成に至った。ヴェーダには、その他に、『サーマ・ヴェーダ』『ヤジュル・ヴェーダ』『アタルヴァ・ヴェーダ』の三つがあるが、最後の『アタルヴァ・ヴェーダ』が、前一〇〇〇年頃に成立したとされている。

それに続いて、「ブラーフマナ」や「アーラニヤカ」と呼ばれる文献群が成立してくる。これらはヴェーダ祭式の規定の説明や解釈を内容とするもので、ときに哲学的要素が見られるが、その思考は神話的なものと言ってよいであろう。これに対して、ヴェーダ文献の最後に位置する――それゆえに「ヴェーダーンタ(ヴェーダの最後)」とも呼ばれる――「ウパニシャッド」文献では、宇宙の原理や人間の本質についての探究が見られ、インドにおける哲学的な思索のはじまりをそこに見出す専門家たちもいる。

ウパニシャッド文献の最古層に属する『ブリハッド・アーラニヤカ・ウパニシャッド』や

『チャーンドーギヤ・ウパニシャッド』の成立は、前六世紀頃までであると言われており、仏教やジャイナ教が興り、古代のインドが新しい思想状況を迎える直前のことであった。

『チャーンドーギヤ・ウパニシャッド』第六章

さてそこで、インド哲学のはじまりについて考えていくために、ここでは『チャーンドーギヤ・ウパニシャッド』第六章を取り上げることにする。この章は、「おまえはそれである（タット・トヴァム・アシ）」という古来有名なウパニシャッドの文句——「大文章」と呼ばれる——を含むこともあって、これまでも数多くの研究者たちによって論じられてきた。そこで語られる内容は、先にもふれたように神話的思考段階から哲学的思考段階への移行を示すもので、インドにおける哲学のはじまりであると言われたこともある。

ウパニシャッドを代表する思想家には、ヤージュニャヴァルキヤとウッダーラカ・アールニ（実在したとすればともに前七世紀）の二人がいるが、この章は、ウッダーラカ・アールニとその息子シュヴェータケートゥの対話として展開される。全体は一六の節から成っており、その内容について、通常は、第一節から第七節までの前半と、第八節から第一六節までの後半の二つの部分に分けて論じられることが多いが、哲学的思考と言われるものがどのように表れてくるのか、本講では、その表現などにも注意しながら、丁寧に読み解くことにしよう。

ウッダーラカの教示

(1)それによっては、いままで聞かれなかったこともすべて聞かれたことになり、いままで考えられなかったことも考えられたことになり、いままで知られなかったこともすでに知られたことになる、あのアーデーシャをおまえは[師匠に]尋ねてきたか。（六・一・三）

ウッダーラカの息子シュヴェータケートゥは、ヴェーダを学ぶために一二歳で師匠のもとに弟子入りし、一二年間ですべてのヴェーダを学び終えて、意気揚々と父親のもとに帰ってきた。その息子に父が放った言葉がこれである。

世界のすべての現象を表すことができるたったひとつの数式を見つけるために、現代の物理学者たちは格闘してきた。もちろん古代のインドには、そのような物理学もなかったし、法則を数式で表すという観念もなかっただろう。しかし、世界のすべての現象を根源的にとらえることができる言葉あるいは原理を手に入れたいという望みをもつ者は、いまから二五〇〇年前のインドであっても、いたに違いない。

この世界の様々な現象を、単に神々の個々の仕業として語るのではなく、その世界を動かしているひとつの原理——たとえそれが「神」と呼ばれたとしても、その神はもはや神々のうちの神ではないだろう――や普遍的な法則によって説明しようと人がしたときに哲学がはじまるのであれば、ウッダーラカのこの言葉は、確かに息子を哲学へと導き入れる始業のベルとなるものであっただろう。

しかし、鼻をへし折られたシュヴェータケートゥは戸惑うばかりである。「そのアーデーシャとやらはいったいどんなものですか。尊敬すべき父上よ」と息子は問い返すより他なかった。

この「アーデーシャ」が意味するところについては、これまでにすでにいくつもの論考がなされ、様々な訳語が提示されてきた。もともとの意味は「教示」である。ただ右の文章を見てもわかるように、何か特別な意味をもった語であるようにも思える。

ここでの「アーデーシャ」の具体的な内容については、いまから見ていく文章のなかで、ウッダーラカによっていくども説明されることになるから、そのなかで確認できるだろう。「アーデーシャ」の特別な意味に関して、どのような訳語が与えられてきたかと言えば、ウパニシャッドに特徴的に見られる考え方である〈根源的一者と現象界の諸事物との同一化〉との関わりでこの語の意味をとらえて、「等値」、「同値」、「同置」あるいは「代置」、また「代置法」、さらには「神秘的同一化の原理」とか「置き換えの原理」といった、文脈上の意味を考慮した訳語が与えられてきた。

ただ、これらの訳語では見えにくくなってしまっているが、まずおさえておきたいのは、この語が、言葉による言明を含意していることである。つまり、ある原理的な事柄について、「それは〜である」と、それと具体的な事物を結びつけて等値的に言葉によって明示すること、置き換えることが、「アーデーシャ」なのである。

ただしここで注意しなければならないのは、「それは〜である」という「アーデーシャ」の言明は、普通の〈主語―述語〉構造の「述定」とは違うということである。「述定」の場合、主語の位置に来るのは個物であり、述語の位置に来るのが普遍である。たとえば、「これは花である」の場合、「これ」は個物を指し、「花」は普遍を指している。しかし、「アーデーシャ」と呼ばれる言明の構造は、「それ(原理＝単称名辞)はこれ(個物＝単称名辞)である」という形で両者の等値関係を表すものである。

この「アーデーシャ」の文法学上の重要性については、第8講でバルトリハリを論じる際にふれることになるだろう。さて、息子に問われたウッダーラカは、喩《たと》えを示す。これもまた大変有名な箇所であり、以下の講義でもくり返し取り上げることになるだろう。

変容と「言葉による把捉」

(2)息子よ。たとえば、すべての土から作られているものは、ひとつの土のかたまりによって、知られたことになるであろう。変容は、言葉による把捉であり、名づけである。「土であ

る」ということだけが真実である。……息子よ。アーデーシャというものはこんな風なものである。（六・一・四―六）

この箇所についても、これまで多くの議論がなされてきた。ここでは、それらの見解を踏まえて、私の訳を示してみた。もっともこれは、余計な解釈をせず、単純に構文通り訳せばこうなるということを示しただけのものになっている。

ウパニシャッドに関しては、後世のヴェーダーンタ派の大思想家シャンカラ（八世紀前半）が、主要なウパニシャッドに注釈を付けているので、シャンカラの解釈に従うことも多いのだが、そういうこともここではしていない。訳出したのは第四段落だけで中略したが、次の第五段落では「土のかたまり」の代わりに「銅の数珠玉」を、第六段落では「土のかたまり」の代わりに「鉄の爪切り」を置き、「土である」の代わりに「銅である」、「鉄である」としただけで、他の単語は同じである。この文の主旨は、たとえば壺や皿などといった個物は、本来的には土から作られた変容物にすぎないのであって、実際にはそれらはすべて「土である」ということである。

インド論理学を専門にしてきた者の眼には、この文章はたいへん論理的に見える。「（主張）壺は土である。（理由）土から作られているから。（喩例）すべての土から作られているものは、土である。ひとつの土のかたまりのように」という論証式と同じことを言っているのである。ともあれウッダーラカが、この喩えによって言おうとしているのは、次に見るように、現象界の諸事物が、根源的一者〈あるもの〉の「変容」であるということである。そしてここでは、その「変容」が、「言葉による把捉であり、名づけである」と言われるのである。

これに続けて、「「土である」ということのことだけが真実である」とあるから、変容物のほうは名前だけの存在で実在ではないということになりそうであるが、いまはその点には深入りしないでおこう。ここでは、世界を成り立たせている一（根源）と多（現象）の関係をどのように説明するかという、インド哲学を貫く最も重要な主題が現れてきていること、そして、それが、変容、つまり様々に姿を変えて現れているが、その本質（あるいは本体）は同じであるとされ、それが言葉のはたらきと結びつけられていることを確認するだけでよいだろう。

次に、ウッダーラカは、喩えをつかうことなく、根源的一者について、ズバリと述べる。

世界のはじまりと〈あるもの〉

(3)息子よ、はじまりにおいて、この世界は〈あるもの〉（サット）に他ならなかった。それはただ一者として存在して、二番目をもたなかった。この点について、ある人々は言う。「はじまりにおいて、この世界は〈ないもの〉（アサット）に他ならなかった。それはただ一者として存在して、二番目をもたなかった。その〈ないもの〉から、〈あるもの〉が生まれた」と。しかし、息子よ、いったいどうしてそのようなことがあるだろうか、と彼（ウッダーラカ）は言った。いったいどうして〈ないもの〉から〈あるもの〉が生まれることがあるだろうか。そうではなくて、息子よ、はじまりにおいて、この世界は〈あるもの〉に他ならなかった。それはただ一者として存在して、二番目をもたなかったのだ。

（六・二・一―二）

われわれが住んでいるこの世界のはじまりはどのようなものであったか、そのとき何があったのか。世界の成り立ちを問うのが哲学であれば、そのおおもとには、このような問いがあっただろう。そして、その問いに答えるものとして、哲学以前には宇宙創造の神話があった。インドにも、そのような神話は数多くあり、その多くが人格化された神による創造神話――たとえば、千個の眼と頭と足をもつ「プルシャ（原人）」がこの世界を創ったという――として語られてきた。

しかし、そうしたなかで、早くも『リグ・ヴェーダ』において、「そのとき（太初において）無もなかりき、有《う》もなかりき。空界もなかりき、その上の天もなかりき。何ものか発動せし、いずこに、誰の庇護の下《もと》に。深くして測るべからざる水は存在せりや」（一〇・一二九。辻直四郎訳『リグ・ヴェーダ讃歌』）と歌われていることは注目に値するであろう。

この「宇宙開闢《うちゅうかいびゃく》の歌」は、「リグ・ヴェーダの哲学思想の最高峰を示すもので、神話の要素を除外し、人格化された創造神の臭味を脱し、宇宙の本源を絶対的唯一物に帰している」（辻直四郎、同書）と言われる通り、抽象性の高い、確かに「哲学」と言ってよいような思想を述べるものとなっている。そして、右のウパニシャッド(3)の文は、このような神話的な思考の展開のなかから生まれてきたものである。そのことは、ウッダーラカが、ある人々の見解として、〈ないもの〉から〈あるもの〉が生まれてきたという主張を持ち出した上で、それを否定していることからも見てとれるだろう。

〈ないもの〉があった

原初にあったのは〈ないもの〉であったと語るのは、『チャーンドーギヤ・ウパニシャッド』第三章第一九節である。「世のはじまりにおいて、この世界は〈ないもの〉であった。それが〈あるもの〉であった。それは成長した。それは卵になった。その（卵）は、ちょうど一年間だけそこにあり続けた。それからそれは割れた。殻の半分は銀に、もう半分は金になった。銀であったものがこの大地であり、金であったものが天空である。……」

この〈ないもの〉は、非存在を意味するのではなく、根源的一者としての〈ないもの〉、つまり、そこから秩序づけられた世界(コスモス)が生じてくるところの、区別のない混沌とした実体(カオス)を意味しており、したがってキリスト教神学的な「無からの創造」――神のみがあって他は無であった。神はこの無から天と地を創ったとする――とは全く異なる観念であるということは、従来言われてきた通りである。

つまり、この〈ないもの〉は、他の宇宙創造神話における〈あるもの〉や、プラジャーパティと呼ばれる創造神と同じ原初の一者であって、「非存在」という抽象概念ではなかったのである。そのことは、ここで、〈ないもの〉が、卵になり、やがて二つに割れたその殻が、天と地となったと言われることからも理解できるであろう。ここで語られているのはまさに宇宙創造の神話である。

これに対して、ウッダーラカは、はっきりと、「いったいどうして〈ないもの〉から〈あるもの〉が生まれることがあるだろうか」と言い切っている。つまりウッダーラカは、宇宙創造神話に語られる〈あるもの〉と〈ないもの〉を、相互に矛盾する「存在」と「非存在」という抽象概念として理解し、両者が同時に成立することは論理的に不可能であると言い切ったのである。ここに、神話から哲学への転換を見てとることができるだろう。

さて、ウッダーラカの教示はさらに展開する。

一と多を媒介する三つのもの

(4)それ〈あるもの〉は思慮した。私は多くなろう、私は増殖しよう、と。それは熱を生み出した。その熱が思慮した。私は多くなろう、私は増殖しよう、と。それは水を生み出した。それゆえ、人は焼けるところではどこでも必ず汗を流すのである。そこから、他ならぬ熱から水たちが生み出されるのである。それら水たちは思慮した。私たちは多くなろう、私たちは増殖しよう、と。それらは食物を生み出した。それゆえ、雨が降るところではどこでも必ず食物が豊富になるのである。そこから、他ならぬ水たちから食物一般が生み出されるのである。（六・二・三―四）

これは明らかに神話的な語りである。インドの宇宙創造神話の大部分は、原初の一者が自己増殖していくというストーリーになっていて、神が作者となって材料を使って世界を作り出すという話は、『リグ・ヴェーダ』に見られるヴィシュヴァ・カルマン（造一切者）の神話ぐらいのものである。しかし、ここで注目すべきは、根源的一者から、熱と水と食物の三つのものが生み出されると語られていることである。

根源的一者が、どのようにして現象界の諸事物になりうるのか。世のはじまりにおいては、この世界は一者のみであったと言われても、現にわれわれが生きているこの世界は多種多様な事物・事象に満ちているのである。いったいどうして一が多となるのか。

先に見たのは、これを言葉による多様化として説明するものであったが、ここで示されるのは、この世界にあるすべてのものは、いくつかの基本的な実体の組み合わせによってできあがっているという考えである。たとえば古代ギリシアではエンペドクレス(前五世紀)が、一と多との間に、火・空気・水・土の四つの基本元素を置いていた。中国にも、木《もく》・火《か》・土《ど》・金《こん》・水《すい》を元素に数える五行説《ごぎょう》によって森羅万象を説明する思想があった。

インドにも、地・水・火・風の四元素を基本的な構成要素とする考えが現れてくる。そのような一と多を媒介する要素として、ここでは、「熱」と「水」と「食物」が示されるのである。この考えは、次節で次のように展開される。

(5)これら[この世]の生き物たちの種は、ただ三つのみである。卵から生まれたもの、[別の]生命(母胎)から生まれたもの、芽から生まれたものである。(六・三・一)

鳥や蛇などが、卵生動物に分類される。卵は温められて孵化するから、「熱」から生まれるものである。胎生動物は、人間や牛などの哺乳類である。母胎は羊水で満たされているから、「水」から生まれるものである。芽から生まれたものとは、もちろん植物のことである。植物は、芽すなわち「食物」から生まれるものである。

このようにして、ここでは、この世に存在するすべてのものが、熱か水か食物かのいずれかから生まれてくるという説明をしているのである。さらにこの三つを要素とする説明を、ウッダーラカは続ける。

ブラフマンとアートマン

(6)まさにその神格〈あるもの〉は思慮した。「さて、私は、これらの三つの神格(熱・水・食物)に、個体の生命であるこの自己(アートマン)をもって入り込み、「名称と形態」(ナーマ・ルーパ)を様々に区分して作り出そう」と。「私は、それら三つの神格のひとつひとつを、三要素から成るものとして作り出そう」と。[そこで、]この神格は、それら三つの神格に個体の生命であるその自己(アートマン)をもって入り込み、「名称と形態」を様々に区分して作り出した。そしてそれら三つの神格のひとつひとつを、三要素から成るものとして作り出した。

(六・三・二—四)

増殖しようと思慮した原初の〈あるもの〉は、こうして、先に生み出した熱、水、食物の三つの要素のそれぞれに、個体の生命である自己(本質)をもって入り込み、三つの要素から構成されるものとしてこの現象界の諸事物を作り出したのである。この説明もいくらか神話的な響きを残しているが、その一方で、根源的一者が、様々な事物・事象として現象界に個別的に現れてくる原理として、ここで「名称と形態」が示されていることに注目すべきであろう。

先に、一から多への「変容」を説明するために、「言葉による把捉」ということが言われたが、ここでは、「名称と形態」という原理によって、それが説明されているのである。

根源的一者が、どのようにして現象界の諸事物として現れてくるのか、作り出されるのかという問いは、存在の根源についての問いであり、本書における中心的なテーマである。この後の講義でも、「根源的一者」、「自己(アートマン)」、「名称と形態」は、くり返し現れてくる概念であるので、ここで簡単に説明しておきたい。

まず、目下のウッダーラカの教示において、〈あるもの〉と言われている「根源的一者」は、ウパニシャッドの思想において宇宙の最高原理とされ、後のインド思想の展開のなかでも常に絶対的で永遠不変の実在としての位置を占める「ブラフマン」を指すものである。「ブラフマン」とは、神聖で霊力をもつ絶対的な言葉を意味していたが、やがてその霊力そのものを意味するようになった。そしてそれが、〈あるもの〉、つまり存在の根源に〈在るもの〉とみなされるようになったのである。

一方、「ブラフマン」と並んで重要なのが「アートマン」である。「アートマン」は、根源的な存在として「ブラフマン」の同義語として使われることもあるが、もっぱら現象界の諸事物それぞれがもつ個体としての本質を意味している。したがって、身体に対する「魂」、他者に対する「自己」、「それ自身」「個我」といった意味で使われることが多い。

ウパニシャッド思想の中心にあるのは、ブラフマン（梵）とアートマン（我）の同一化、すなわち「梵我《ぼんが》一如《いちにょ》」だと言われるが、これが意味しているのは、宇宙の原理と個体の原理の一体化ということに他ならない。

「名称と形態」が世界をつくる

「名称と形態」は、ウパニシャッドにおいては、(6)の文章に見たように、一対の複合語として現れることが多く、一者が多様な姿をとって現象界に現れてくる場合の「個体化」の原理を表すものである。読者のなかには、この文章の「「名称と形態」を様々に区分して作り出す」というやや曖昧な表現が気になる方もきっといるだろう。「名称と形態」を「区分する」のか、それとも「作り出すのか」と。実はここがポイントなのである。

「区分して作り出す」とここで訳した動詞の原形は、「ヴィ・アー・クリ（vy-ā-kṛ-）」である。「作る」を意味する動詞「クリ」に、「区別」を意味する接頭辞の「ヴィ」と「アー」がついた形である。そして、原文で、この動詞は、一人称単数の命令形になっている。命令というのは他者に対してするもの、つまり二人称でなされるものであって、一人称の命令形というのは変だなと思う人もいるだろうが、サンスクリットにはそういう用法が存在して、「自分で〜しよう」という意味で使われる。

では、「区分して作り出す」とはどういう意味だろうか。ここでは、参考のために、同じ文脈で使われている例を、『チャーンドーギヤ・ウパニシャッド』と同じく初期ウパニシャッドのなかで最重要なものである『ブリハッド・アーラニヤカ・ウパニシャッド』から見ておこう。

実にそのとき、世界は未分化であった。それ(世界)は、「名称と形態」によって区分された――それは、これこれの名称をもち、これこれの形態をしている、と。それゆえ今日でも、この世界は、「名称と形態」によって区分されるのである。「それは、これこれの名称をもち、これこれの形態をしている」と。そしてその者(アートマン)は、この世において、爪の先ほどのものにまで入り込んだ。(一・四・七)

右の一文は、「はじまりにおいて、この世界は、〈人間の形をしたアートマン〉に他ならなかった」という文句ではじまる、アートマンによる世界創造の物語の一節である。つまり、未分化の状態にある世界とは、アートマン＝ブラフマンに他ならないのである。そのアートマンが、

「名称と形態」によって、世界を、つまり自分自身を区分し、爪の先ほどの微細な諸事物のなかにまで入り込んで、「名称と形態」とから成るこの世界を作り出したというのが、この物語である。この文では、動詞の「ヴィ・アー・クリ」は、受動態の三人称単数過去「区分された」と、現在「区分される」の形をとっている。

この話からもわかるように、「名称と形態」は、区分の原理であると同時に、区分された結果としてこの世界を構成している個別的な諸事物のあり方でもある。しかも、右の物語からも明らかなように、根源的一者は、「自己分節」してこの世界を作り出しているのである。

そして、(6)の文章でも、言われていることは同じである。「「名称と形態」を様々に区分して作り出す」とは、一者(ブラフマン)が、「名称と形態」を原理とする自己を分節化して、個別的な「名称と形態」からなるこの現象界を作り出すということである。一者の自己分節に関しては、第9講で詳しく見ることになる。そこでここでは、次に進もう。

次に、ウッダーラカは、現象界の事物がどのようにして熱と水と食物の三要素の組み合わせによって成り立っているのかを、いくつかの例を挙げて、息子に教示する。

現象界における三要素から成るもの

(7)火において、赤い色形《いろかたち》となっているのは、熱の色形である。白い色形は水の色形である。

黒い色形は食物の色形である。［このように、］火性（火にある火の性質）は、火から消えてしまった。変容は、言葉による把捉であり、名づけである。「三つの色形である」ということだけが真実である。

（六・四・一）

たとえば「火」という現象は、熱と水と食物という三要素の組み合わせに還元されうるから、それは、実際に火としてあるのではなく、それはただ三要素の変容であり、「火」という言葉によって把捉され、名づけられているにすぎない、というのが主旨である。

ここで再び、「変容は、言葉による把捉であり、名づけである」という文句がくり返されているが、以前のものがあくまで喩えの説明であったのに対して、ここでは、現象界の多様性を説明するものであることに、注意しなければならない。ウッダーラカは、これに続けて、太陽、月、稲妻を取り上げ、同じ文句をくり返した後に、次のように言っている。

(8)実にこれこそが、過去の偉大な家長たち、学識すぐれた賢者たちが、次のように常々語っていたあのことであったのである。「いまや、誰も、われわれに、いまだ聞かれなかったこと、いまだ考えられなかったこと、いまだ知られなかったことを、語ることはできないであろう」と。なぜなら、彼ら（家長や賢者たち）は、それら（三つの色形）によってそのように［すでにすべてを］知ったからである。これまで赤いもののように思われてきたもの、彼らはそれを「それは熱の色形である」と理解したのである。これまで白いもののように思われてきたもの、彼らはそれを「それは水の色形である」と理解したのである。これまで黒いもののように思われてきたもの、彼らはそれを「それは食物の色形である」と理解したのである。これまで知られないままであったかのように思われてきたもの、彼らはそれを「それはまさしくこれらの［三つの］神格たちの集合体である」と理解したのである。

（六・四・五―七）

現象界のあらゆる事物の成り立ちを、三つの基本的な要素の組み合わせによって理解するというこの考え方は、現象界の多様性を諸元素の結合・集積によって説明する原子論的な、あるいは唯物論的な世界観――インドにおいてはヴァイシェーシカ派によって代表される思想――へと道を拓くものでもある。

この点については、第10講でふれることにして、ここでは、もう少しウッダーラカの教示を聞くことにしよう。ウッダーラカは、次節では、この三要素の組み合わせが、人間においてどのように実現しているかを、息子に教えようとする。

人間のなかの三要素から成るもの

(9)食物は食べられると三つの部分に分かれる。そのものを構成する、最も粗大な要素は糞となる。中間のものは肉となる。最もこまかいものは思考力(マナス)となる。水は飲まれると三つの部分に分かれる。そのものを構成する、最も粗大な要素は尿となる。中間のものは血となる。最もこまかいものは息(プラーナ)となる。熱は食べられると三つの部分に分かれる。そのものを構成する、最も粗大な要素は骨となる。中間のものは髄となる。最もこまかいものは言葉となる。息子よ、なぜならば、思考力は食物から成り、息は水から成り、言葉は熱から成るからである。　(六・五・一—四)

人間存在を支える最も重要なものとしての思考力と息と言葉もまた、その要素に還元すれば、食物と水と熱の三要素の組み合わせから成っているというのである。「思考力は食物から成り、息は水から成り、言葉は熱から成る」という文句が、この後もさらにくり返されて、このウパニシャッドの前半部は終わっている。

ここまでのまとめと展望

ここで、第2講以降で扱うことになる主題との関連を考えながら、このウパニシャッドで語られたことをまとめておきたい。

この世界を根本において成り立たせている根源的一者と、現にわれわれが生きている世界の多様な諸事物との関係をどのように説明するか。一から多はどのようにして生まれてきたのか。ウッダーラカによって教示されたのは、このような問いに対する答えである。

そこには、一者が自己増殖するという多分に神話的な語りが混じり込んではいるが、この世界にある諸事物が存在しうるのは、つまり物として〈あること〉になるのは、原初の〈あるもの〉が、それらに入り込むからだという考えが示されていた。より哲学的に言葉を換えて言えば、本質と存在の関係を考えること、あるいは存在そのものを考えることに他ならないだろう。つまり、「ある」とはどういうことか、ということである。

また、〈あるもの〉が、すべてのものの本質として、あるいは存在そのものとして、それらの内に入り込んでいるのであれば、それらすべては本来、一であるはずである。それがなぜ個別化して多となるのか。この問いに対する答えが、それらは「言葉による把捉」(分節化)にすぎないのだというものであった。現象的な諸事物が存在することの基盤は、言葉なのである。これが、ウッダーラカのつかんだもうひとつの真理であった。

しかし、言葉による把捉とは、概念による認識のことであろう。ではいったい、それは誰の言葉であり認識であるのか。根源的一者が言葉を発して、自らを認識し、自己分節化して、この世界に多様に顕現するというのであれば、自己増殖の神話にとどまっているのも同然で、哲学とはなりえない。言葉と認識はわれわれの側にあるはずだ。われわれ自身が言葉(概念)を使って、いかにして諸事物を認識するのか。われわれの認識は根源的一者に届くのか。われわれはいかにして存在を認識するのか。

ウッダーラカによって問われた世界の成り立ちについての問いは、かくして「存在と認識」についての問いとなるのである。これはこの講義の全体を貫くテーマであるが、第2講ではそのはじまりの姿を見る。

第3講では、根源的一者とは何かがあらためて問われる。ウッダーラカは、それを〈あるもの〉としたが、世界の根本原因として、「運命」や「時間」を想定する者もいれば、「自性《じしょう》」を想定したり、一者なしでの構成要素の集合を考えたりする主張もある。

そして、その根源的一者からの開展(個への入り込み)あるいは転変ということによって世界創造のプロセスを考えたのが、サーンキヤ派とヴェーダーンタ派であった。サーンキヤは〈あるもの〉に代えて物質原理を想定し、それを構成する三要素(グナ)の組み合わせによって世界の諸事物が生まれてくるとする一方で、物質原理に精神原理を対置することによって二元論を完成させた。これが第4講で扱われる。

第5講は、因果論を別の観点から扱うもので、神を超越し、神をも動かす原理としての「業

（カルマ）」についての考察である。これは、この世界の背後に根源的一者のはたらきを想定する宇宙創造神話的な観念とは全く別の原理として、古代インドに出現し、後にはインドの普遍的観念となった考え方である。

第6講では、再び根源的一者をめぐる問題に戻る。〈あるもの〉が、すべての多種多様な知覚可能な諸実体のうちに入り込んで、個として発現するという考えは、ヴェーダーンタ派の一元論へと発展する。サーンキヤ派によっては、物質と精神は区別され二元論となったが、ヴェーダーンタにおいては、存在と精神は、〈あるもの〉として常に一元であった。しかし二元論、さらには多元論へと傾くヴェーダーンタの思想もある。それを第7講で扱おう。

一方、ウッダーラカの思想の際だった特徴として、これまでも述べてきたように言葉のはたらきへの関心を挙げることができるだろう。彼は、現象的な諸事物の存在論的な基盤としての言葉に特に言及していたが、存在と言葉の関係についてのインド哲学としては、やはりバルトリハリに代表される言語哲学を取り上げなければならない。それが第8講と第9講である。

最後の第10講では、ヴァイシェーシカ派の思想をバルトリハリとの対比で見ることにしよう。ヴァイシェーシカ派の自然主義的体系においては、基本元素の結合・集積によって多様な現象界が完成されるとされ、〈あるもの〉は、最も一般的な要素である最高の普遍（存在性、サッター）とされて体系のなかに組み入れられていたが、そこには「存在と非存在のディレンマ」が見られるのである。そして、最後に、根源的一者に関する新たな展開として、「イーシュヴァラ」という神の観念の展開と、ニヤーヤ派による神の存在証明の問題を論じるであろう。

以上が講義全体の見取り図であるが、最後に本講のまとめとして、『チャーンドーギヤ・ウパニシャッド』第六章の後半である第八―一六節を見ておくことにしよう。

「おまえはそれである」

⑽この世界の一切は、［すべて］この微細なもの〈あるもの〉をそれ自身（アートマン）としている。それは真実在であり、それは自己（アートマン）である。おまえはそれである。シュヴェータケートゥよ。

「おまえはそれである」という、後にヴェーダーンタ派の思想を代表する文句を含むこの文章が、第八節から第一六節のすべての節においてくり返される。言わんとすることは、すでに前半において見てきた、原初の〈あるもの〉が、現象界のすべての事物・事象――人間存在を含む――に、その存在の本質（自己＝アートマン）として入り込んでいるということである。そのことが、各節で印象深い喩えを伴いながらくり返されている。

ここにおいて、ヴェーダーンタ派における、最高原理ブラフマンとアートマンの同一化、つまり存在と精神の同一化という一元論の方向が定まったのである。

第 *2* 講

存在と認識

——新しい思想家たち

ウッダーラカの語ったこと／六人の思想家たち／アジタ・ケーサカンバリンの思想／日常経験に従う／すべてを疑う／ブッダとマハーヴィーラ／存在と認識／認識論概観

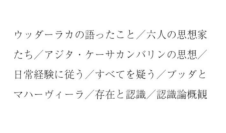

ウッダーラカの語ったこと

ウッダーラカ・アールニによって語られた思想は、『チャーンドーギヤ・ウパニシャッド』の第六章が作られた前七―六世紀においては、新しかったに違いない。なにしろ、一二年間、師匠のもとで修行してヴェーダのすべてを学んだという息子でさえも、いまだ聞いたことも教えられたこともない思想であったとされているのだから。

もちろん、新しいとは言っても、現代の私たちの眼から見れば、いまだ宇宙創造論的な色彩の強いものであった。万物の根源としての「一者」を、〈あるもの〉だと言いはしても、それは多分に神話的な実体であって、多様な現象界を根源的に支えている〈存在〉そのものに言及したわけでは決してない。

「〈ないもの〉から〈あるもの〉は生まれない」と、ヴェーダの伝統的観念を打ち破るかのような断言を彼がしたものだから、「あるものはある。あらぬものはあらぬ(ない)」という絶対確実な論理に基づいて、存在そのものについて語り、哲学のはじまりを切り拓いたとされる、古代ギリシアのパルメニデス(前五世紀)との類似を言いたくもなろう。

しかし実際には、万物の根源を「水である」とか「火である」などと説いた、パルメニデス以前のイオニアの哲学者たちと同様に、そこに何らかの実体をウッダーラカは見ていたのだから、「ある」のとらえ方において、両者の隔たりはやはり大きいと言わなければならないだろう。

しかしそれでも、ウッダーラカの言明は、確かに「ある」と「ない」の概念上の矛盾関係には気づいているようであり、存在論的な意味における「ある」と「ない」についての問いへと、通じるものとはなっている。ウッダーラカの登場は、パルメニデスの登場ほどには劇的ではないにせよ、やはりインドにおける哲学のはじまりであったと、私は思う。なぜなら、その後にインド哲学のテーマとなるいくつもの問いが、そこで発せられているからである。

では、その後どのようにそれらの問いが展開されたのか。それをこれから見ていくことにしよう。

六人の思想家たち

前五世紀半ば、ウッダーラカの時代から一世紀ほどが過ぎ、ギリシア世界においてソクラテスやプラトン、またソフィストと呼ばれる思想家たちが華々しく活躍していたのと同じ頃に、インドでは、仏教の開祖ゴータマ・ブッダとジャイナ教の実質的な開祖マハーヴィーラが登場してくる。先にもふれたように、二人は、ほぼ同じ時期、マガダと呼ばれる同じ地方で活躍していたことが知られている。ともに多くの弟子を率いて教団を形成し、人々に教えを説いていた。当時他にも、思い思いに自分たちの考えを主張した多くの思想家たちがいたことが知られている。

彼らは、「シュラマナ／サマナ（沙門）」つまり苦行者、出家遊行者であり、ヴェーダの伝統的な価値を守り祭式の執行によって社会の秩序を維持しようとする「バラモン（婆羅門）」たちに対抗して、互いに論争し、競い合いながら新しい思想を唱えたのである。彼らが、論争や討論によって自分たちの主張を形づくっていったことは、彼らの弁論が、どのような主張に対してもまずは否定で答え――これが論争や討論の常套手段である――、さらに反駁するという方法に満ちていることからもわかる。

彼らがどのような主張をしたかは、初期仏教のパーリ語の経典やジャイナ教のアルダマーガディー語の経典に残されている。なかでも特に有名でよく知られているのが、パーリ仏典の「長部経典（ディーガ・ニカーヤ）」と呼ばれる経典群の第二経『沙門果経《しゃもんかきょう》』に出てくる「六師《ろくし》外道《げどう》」（仏教以外の六人の思想家たち）である。

『沙門果経』は、「出家の功徳」という翻訳タイトル（『世界の名著』1所収）が示すように、「この世において沙門（出家者）となることにどのような果報（功徳、よいこと）があるのか」というアジャータサット王（阿闍世王《あじゃせ》）の問いに、ゴータマ・ブッダが答えるのが主旨の経典である。

その冒頭で、ブッダに会う前に王が訪れた六人の思想家たちが、この問いにどのように答えたかが語られている。そこには、プーラナ・カッサパ、マッカリ・ゴーサーラ、アジタ・ケーサカンバリン、パクダ・カッチャーヤナ、ニガンタ・ナータプッタ、サンジャヤ・ベーラッティプッタという六人の名前が挙げられている。

彼らのなかでまずプーラナは、いかなる行為も、結果（功徳）をもたらさないと説く。悪いことをしても罪はなく、逆に布施や祭祀をしても功徳をもたらさないと主張するのである。一方、ゴーサーラが説くのは徹底的な運命論であり、決定論である。人間の運命は必然的に定まっているから、人間的な努力はなにももたらさないと説く。解脱（輪廻からの解放）も、定められた生存（輪廻）の期間を過ぎれば必然的にもたらされる、と言うのである。これらの答えは、否定的であるにせよ、行為の結果（功徳）に関連するものであるから、王の問いに少しは答えるものであったかもしれない。

しかし、次のアジタは、布施も祭祀も供物も行為も結果もなにも存在しない、現世も来世も、母も父も存在しないと、一切を否定し、存在するのはただ四種の原理――地・水・火・風――から成る物質のみであると、極端な唯物論を主張する。パクダも同様で、地・水・火・風・楽・苦・生命という七つの物質的要素が存在するだけだと主張して、行為者の存在を否定し、たとえば剣で人を切り裂いたとしても、「剣による裂け目は、ただ七つの要素の間隙にできるにすぎない」(長尾雅人訳「出家の功徳」)と言うのである。

この二人の主張で注目すべきは、ウッダーラカの思想においても見られた、原理つまり存在の基本的な構成要素についての考えが表明されている点であるが、これは「出家の功徳」とは全く関係のない、世俗的で唯物論的な思想である。ニガンタ(ジャイナ教の開祖マハーヴィーラ)やサンジャヤに至っては、全く的外れとしか言いようのない答えを返すだけであった。

いずれの答えも、「マンゴーの実を問われてラブジャ樹(ジャック・フルーツ)の実を説明し、あるいはラブジャ樹の実を問われてマンゴーの実を説明するようなものである」と王が言う通り、「出家の功徳」は何かという問いに直接答えるものではない。はぐらかされた王の呆れる気持ちもわかるが、このように六人の思想家が描かれた眼目は、当時、ブッダと並んで思想家として有力であった者たちの考えを並べてみせることであったに違いない。

実際、彼らの姿は、仏教やジャイナ教の他の経典類にも現れてくるのである。そして注目すべきことに、ブッダが答えようとする問いが、「出家の功徳」という「人の生き方」に関わるものであるのに対して、他の思想家たちの答えは、四つや七つの原理を立てる説に典型的に表れているように、何かしら「世界の成り立ち」についての議論に関連するものであった。もう少し詳しくこの思想家たちの考えについて見てみよう。

アジタ・ケーサカンバリンの思想

大王よ、布施、祭祀、供物と言われるものは存在しない。善行や悪行の結果とか果報というものは存在しない。さらにこの世も存在せず、あの世も存在しないし、父も存在しない。死後に生まれ変わる存在もない。……沙門や婆羅門というものも存在しない。人間は、四種の原理(地・水・火・風)から成り立っているにすぎない。死ねば、〈地〉原理は地の全体に帰入し、〈水〉原理は水の全体に帰入し、〈火〉原理は火の全体に帰入し、〈風〉原理は風の全体に帰入する。こうして[人間の]感覚器官は、[四原理の場である]虚空と合一する。……誰が[四原理以外の精神的な原理(アートマン)が]存在すると説こうとも、それは空虚な偽りの言葉にすぎない。愚者も賢者も、身体が壊れてしまえば、破滅し消滅するのであり、死後には何も存在しない。

(『沙門果経』)

これは、アジタが説いたとされる言葉である。先にもふれたように、ここで主張されている、地・水・火・風の四つの原理のみが実在であり人間はこれらの四原理から成り立っているにすぎないという考えは、ウッダーラカが、熱・水・食物という三つの基本要素を認め、現象界のすべての事物・事象は、人間も含めて、すべてこの三要素から構成されていると説いたのと同じ線上にある。もっともアジタの主張には神話的な要素が全くなく、その世俗性は際立っている。

しかし、ウッダーラカの教示も、喩えによる部分に注目すれば、それが日常経験を根拠にして論理的に説かれていることは、前講に見た通りである。そして、「壺にしろ皿にしろ、土から作られたものはすべて、この土のかたまりと同じように、実際には土にすぎない」と言うことと、「実際には、壺も存在しない、皿も存在しない。それらは土から成り立っているにすぎない」と、否定を重ねて言うこととは、それほど違った言明ではないだろう。こうして、ウッダーラカの言明からアジタの主張へのつながりが見えてくるのである。

日常経験に従う

アジタもまた、ウッダーラカと同様に、日常経験に基づいて、いや強調して言えば、アジタの場合は日常経験だけに従って、自分の主張を打ち立てた。アジタが、「この世も存在せず、あの世も存在しない。母も存在しないし、父も存在しない」と言ったのは、日常経験に基づき存在の根本的な構成要素として四原理だけを認めたことの当然の論理的帰結であったのである。

日常経験だけに従って自分の考えを主張する人々は、古代インドではローカーヤタ(漢訳で「順世外道《じゅんせいげどう》」)と呼ばれた。チャールヴァーカと呼ばれることもある。アジタは、この派に属していたと考えられる。この派の開祖はブリハスパティ（実在したとすれば前一世紀頃）という名の人物で、根本経典を作ったとされているが、テキストは現存していない。しかし他派の経典や論書のなかからその断片を回収する努力が続けられ、最近ではブリハスパティの、つまり初期のローカーヤタ派の思想について、かなりのことがわかっている。その思想を簡単にまとめると次のようになる。

（一）地・水・火・風の四つの原理のみが実在する。
（二）四原理の集合に対して、「身体」、「感覚器官」、「対象」という名称がつけられる。
（三）意識は、四原理から生じる。

見て明らかなように、ウッダーラカの教示から、根源的一者＝原初の〈あるもの〉といった観念を取り除いて、この世界のなかだけで成り立っている存在についての要素還元主義を唱えると、アジタに代表される初期のローカーヤタ派の思想になるわけである。特に（二）については、ローカーヤタ派の思想家が、四つの原理の集合、つまり組み合わせによって「身体」とか「対象」の成り立ちを説明する点では、明らかにウッダーラカとの共通性をもっている。にもかかわらず、ではその組み合わせは、いかにしてなされ、なぜ起こってくるのかというしくみについては、彼らは(当然のことながら)全く答えないことに注目すべきであろう。

これらの問いについては、ウッダーラカの教示であれば、根源的一者からの開展、あるいは一者による創造が前提にされていたことは、すでに見た通りである。また、次の第3講において見るように、神的な力や必然的な力のはたらきをそこに認めようとする者たちもいる。しかし、ローカーヤタ派に与《くみ》する者たちは、現象的な事物・事象の背後に、そのような永遠で実体的な創造主(作者)や根本原因を認めることは決してないのである。

すべてを疑う

六人からもう一人、サンジャヤの思想を取り上げておこう。「この世における出家の功徳は何か」というアジャータサット王からの問いに、サンジャヤは次のように答えている。同じく『沙門果経』からの引用である。

大王よ、もしもあなたが「あの世は存在するか」とわたしに尋ねて、もしもわたしが「あの世は存在する」と考えるならば、わたしはあなたに「あの世は存在する」と答えるであろうが、しかし[実際には]、わたしはそのようにはしない。「その通りだ」ともわたしは考えないし、「それとは別だ」ともわたしは考えない。「そうではない」ともわたしは考えないし、「そうではないのではない」ともわたしは考えない。

（『沙門果経』）

何だか早口言葉のようである。サンジャヤはこの後、「もしもあなたが、「あの世は存在しないか」、「あの世は存在しかつ存在しないか」、「あの世は存在するのでもなく、存在しないのでもないか」と尋ねても、答えは同じである」と続け、さらに、死後に生まれ変わるものの存在・非存在、善悪の行為の結果の存在・非存在、如来（完成者）の死後の存在・非存在についても、おなじ論法をくり返している。

サンジャヤのこのような論法は、「懐疑論」と言われている。懐疑論とは、すべてを疑ってかかる知のあり方である。疑うとは、肯定するのでもなく、否定するのでもなく、信じるのでもなく、信じないのでもなく、判断保留のままに、探求することである。

サンジャヤのここでの言葉を見る限り、彼が、その存在を疑って判断保留を続けたのは、「あの世」とか「未来の果報」とか「死後のもの」、つまりはこの世において経験できないものの存在についてであって、すべてのものとは言えないのが気になるところである。しかしともかく、用いている論法は間違いなく懐疑主義であり、彼が判断中止という態度を明らかにしていることは間違いない。

サンジャヤのような判断中止の態度は、ブッダやマハーヴィーラが、同様の問いに対してとった態度に通じるものがあり、「ジャイナ教および仏教の哲学の根本的立場はサンジャヤの懐疑論あるいは不可知論を通過し、それを超越したところに開かれているのである」(中村元「思想の自由とジャイナ教」『中村元選集〔決定版〕』第一〇巻)とまで言われている。

では、ブッダやマハーヴィーラはどのような態度をとっていたのかを見てみよう。

ブッダとマハーヴィーラ

「世界は永遠であるか、永遠でないか」、「世界は有限であるか、無限であるか」、「霊魂は永遠であるか、永遠でないか」、「霊魂と身体はひとつであるか、別であるか」、こういった問いに対して、ブッダは答えず沈黙を守ったと言われている。

一方、マハーヴィーラは、たとえば「世界は有限か、無限か」という問いに対しては、彼の生涯と事績を伝えるジャイナ教聖典『バガヴァティー』によれば、次のように答えている。

世界は有限であるか、無限であるかと問うならば、私は世界について四通りに語ろう。(一)実体の点から、(二)空間的場所の点から、(三)時間の点から、(四)状態の点から。(一)実体の点から、世界はひとつであり、有限である。(二)空間的場所の点から、その縦と横の長さは阿僧祇《あそうぎ》の一千万×一千万由旬《ゆじゅん》あり、周囲も阿僧祇の一千万×一千万由旬あって、世界は有限である。(三)時間の点から、「世界は無限である。」世界は決してなかったことはないし、決してないことはないし、決してなくなることはない。それはいままであったし、いまもあるし、これからもある。それは、定常であり、永遠であり、恒常であり、不滅であり、不変であり、不壊であり、常住であって、さらに限りがない。(四)状態の点から、世界は無限である。色・香・味・触の様態は無限であるし、「世界におけるそれらの」配置の様態は無限であるし、重い・軽いの様態は無限であるし、重さ・軽さをもたないものの様態は無限であるから、限りがないのである。

（『バガヴァティー』）

沈黙でもって答えたブッダとは異なり、マハーヴィーラの答えは、後のジャイナ教の思想を特徴づける多観点主義、相対主義の立場がはっきりと示されたものとなっている。

これらの問いを、ヴェーダの伝統を保持するバラモンたちに対しても投げかければ、「世界は永遠であり、無限である」、「霊魂は永遠であり、実在する」と、当然のこととして答えるであろう。あるいは、「この世界とは別の世界(あの世)は必ず存在する」と当たり前に答えるであろう。それが伝統的な観念(ドグマ)であり、したがって、それまでは問いとして問われることもなかったのであるが、新しい思想家たちはこれを問うたのである。論争が生じ、討論がなされ、根拠が問われ、論理が試され、弁論の方法も整っていった。

しかし、なにしろ問われていることは、眼に見えないことである。日常経験に基づく限り、アジタのように、「死後には何も存在しない」と言う以外にないであろう。そして、「死」という身体の消滅の事態を日常経験に基づいて説明しようとすれば、物が壊れて分解するように、より直接的には死体がいずれは土に還っていくように、いくつかの要素へと分解することに他ならないということになるであろう。これが、初期のローカーヤタ派の思想である。

では、これらの問いをめぐって喧々囂々《けんけんごうごう》の論争のなかにあったはずのブッダは、なぜ沈黙したままであったのか。マハーヴィーラの答えも、結局のところ、なぜどっちつかずなのか。

仮にブッダもマハーヴィーラも、アジタと同様に、この世界における日常経験だけに基づいて、「あの世は存在しない」とか、「霊魂は存在しない」と主張したとしたら、どうであっただろうか。仏教もジャイナ教も、輪廻を認めている。つまり、ジャイナ教は、生死をくり返す輪廻の主体としての霊魂(ジーヴァ)の存在を主張していたし、仏教は霊魂の存在は認めないものの、あの世への生まれ変わりは認めているのである。また、因果応報という観念のもとにある「業」の思想については、第5講で見ることになるが、この思想は仏教やジャイナ教においてこそ最もよく説かれたものである。

したがって、ブッダもマハーヴィーラも、「あの世」の存在は否定しようがなかったのである。取り得る立場は、沈黙か中立のほかになかった。しかし、それだと議論は終わってしまう。

ここからは哲学の道は開けない。そこでもう一度、アジタとサンジャヤに戻ってみよう。

存在と認識

サンジャヤは、「あの世は存在するか」という問いに対して、もし自分が「あの世は存在する」と考えるならば、「あの世は存在する」と答えるであろうが、自分は、そのようにはしないと答えている。これは、「あの世は存在しない」と言っているわけでもなければ、「あの世は存在する」と認識しないと言っているわけでもない。そうではなくて、彼は、認識のあり方そのものを疑っているのである。「そのように認識する根拠は何か」と問うことで、認識の信憑性を疑うのが、懐疑論である。ここにおいて、懐疑論は、認識そのものを論じることへとつながることになる。

さてここで、ジャヤラーシ（八―九世紀）という思想家の議論を取り上げておきたい。急に時代が下がってしまうが、認識論との関係でここにジャヤラーシを取り上げる理由は、彼が、仏教の龍樹（ナーガールジュナ。二―三世紀）と並ぶ、インドの正真正銘の懐疑論者であること、そして、ローカーヤタ派の思想を伝える現存唯一の作品『タットヴァ・ウパプラヴァ・シンハ（原理破壊の獅子）』の著者であるからである。同書の冒頭で、次のような問答がなされている。

［問］もしすべての原理の破壊があるのであれば、「さてそれでは原理について説明しよう。地・水・火・風が原理である。その集合に対して、「身体」、「感覚器官」、「対象」という名称がつけられる」など［と、ブリハスパティによって言われていること］は、おかしいのではないか。

［答］そんなことはない。［ブリハスパティの主張は］別のことを目的とするのだから。

［問］何を目的とするのか。

［答］［世間の常識を］反映することを目的とするのだ。

［問］ではそこで何が反映されているのか。

［答］地などの四つの原理が世間ではよく知られている［ということが反映されているのだ］。しかしそれら［世間でよく知られている四つの原理］であっても、［哲学的に］究明してゆけば、［その実在が］確定されることはないのである。ましてや四原理以外のものにおいては［それが実在であることは、決して確定されないのである］。

［問］それではいったいどうしてそれら（四原理）は存在していないのか。

［答］次のように答えられる。正しい認識のための手段（プラマーナ）の確立は、［それぞれについての］正しい定義を根拠とする。そして、正しい認識対象の確立は、正しい認識のための手段を根拠とする。それ（正しい定義）が存在しないときに、その二つ（正しい認識

対象と正しい認識手段)が、いったいどうして「ある」という言語表現活動の対象でありえようか。

インドの論書はたいていがこのような問答体で書かれている。[問]は、多くの場合、他派に属する対論者の主張が想定されており、その内容は実際に特定の思想家によって主張されたものので、何らかの著作からの直接の引用の場合もある。右の場合も、最初の問いで言及されているブリハスパティの主張は、現存しないが『ブリハスパティ・スートラ』の冒頭部からの引用だろうと言われている。

一方、[答]の方は、立論者の側からの応答である。何度か応答をくり返した後で、右のように、結論が語られる。これが定説である。

ジャヤラーシは、ここでまず、対論者の口を借りて、自分が師と仰ぐブリハスパティの主張(ローカーヤタ派の根本命題である四原理説)と、立論者である自分の立場「すべての原理を破壊する」とが矛盾するのではないかという問いを提示する。そして、師の主張の真に目的とするところを明らかにするという名目で、四原理の存在を否定することから論を開始するのである。

彼は、そのために認識の構造を持ち出し、認識の根拠そのものを疑うことからはじめる。かりにいま四原理を実在の対象として認識しようとするならば、そのためには正しい認識手段に依拠しなければならない。ところで正しい認識手段を確立するためには、それを正しく定義しなければならない。正しい定義がないときに、どうしてそれら認識対象や認識手段がありえようか、というわけである。

そこでジャヤラーシは、インド哲学の各派で認識手段として認められているものについて、その定義を検討していくというのがこの論書の全体の構成である。ニヤーヤ派、ミーマーンサー派、仏教、サーンキヤ派などが認める認識手段——次にふれる直接知覚、推理など——に関する諸説が俎上に載せられていく。その結果、いずれの認識手段についても、どれひとつとして誤謬なしに定義されたものはないことを明らかにするのである。

こうして、どのような認識手段も認識対象も日常の言語表現活動において正しいもの(実在)として存在するものではないということが明らかにされ、四つの原理は実在しない、ましてやこの世界のありとあらゆる物は実在すべくもないという結論が、導かれるのである。

認識論概観

こうしてジャヤラーシは、徹底した懐疑論者として、諸派が認めているすべての認識手段の有効性を否定したのである。初期のローカーヤタ派は、認識の根拠に日常経験を置いていたのであるから、眼の前にある物についての直接的な知覚（五感）という認識手段は、有効であると認めていたはずなのであるが、ジャヤラーシは、これさえも否定した。

それでは、諸派が認める認識手段にはどのようなものがあったか。今回の講義の最後に、これを概観しておくことにしよう。

直接知覚、推理、信頼できる人の言葉、これら三種が認識手段として認められる。［他学派が認める他の認識手段も、実際にはこの三種によって、］すべて成立するからである。実に、認識対象の確定は、認識手段に基づいてである。直接知覚は、［五感に対応する］個別の対象ごとの確定認識である。推理には三種類があると言われている。それ（推理）は、徴表と徴表をもつものについての認識を前提とする。一方、信頼できる人の言葉というのは、信頼しうる啓示（ヴェーダ）のことである。

（『サーンキヤ頌』四―五）

これは、五世紀頃に作られたサーンキヤ派の学説綱要書（第４講参照）からの引用である。インド哲学において、認識手段に関する最も一般的で常識的な定義だと考えられる。

何かがある。「これはバラだ」と思う。これが認識である。人間には、視覚・聴覚・嗅覚・味覚・触覚の五つの感覚があり、それぞれの対象として色（形）・声（音）・香・味・触感が定まっている。それぞれの対象に対するこの五感のはたらきを「直接知覚」という。ここまでは誰もが認めるだろう。そこで、「これはバラだ」という認識が起こる。これは直接知覚だろうか。サーンキヤ派がここで「確定認識」と言っているのは、おそらくこのことだろう。

しかし、「これ」と眼の前にあるものをとらえるのが直接知覚である一方、「バラだ」とそれを認識するのは、直接知覚ではなくて、判断だ、あるいは「推理」だと考えることもできるだろう。つまり、「バラ」は、個物ではなく類概念、あるいは対象となっている個物のもつ一般性、すなわち普遍だから、直接知覚では認識できないと考えるのである。その場合は、「これ」がもっている形の特徴や、いい香りや、触って刺されたトゲの痛さを「徴表《しるし》」にして、「これはバラだ」と頭のなかで推理したと説明されるだろう。

しかし、一般性だからといって感覚の対象ではないとは言えない。人は感覚の対象から得た情報を脳内で処理して一般化して記憶し、次にそれを想起するのだから、「これ」を見て「バラ」だと判断する一連のはたらきこそが、直接知覚だと考える人もいるだろう。あるいは、「バラ性」という普遍が、個物である「これ」に内在しており、われわれはその普遍を直接知覚して、「これはバラだ」と認識するのだと主張する者もいる。また、これは全く別のタイプの認識手段になるが、「これはバラだ。先生がそう教えてくれた」という認識もある。認識論は、こういうことを議論することからはじめられる。

補足すると、サーンキヤ派は右の三種を正しい認識手段と認めたが、ローカーヤタ派は直接知覚だけを認める。仏教とヴァイシェーシカ派は、直接知覚と推理だけを認識手段と認め、信頼できる人の言葉は推理に入れてしまう。ニヤーヤ派は、直接知覚、推理、類推、信頼できる人の言葉の四つを認め、ミーマーンサー派（バッタ派）やヴェーダーンタ派（アドヴァイタ派）は、さらに「アルターパッティ」（「それ以外に考えようがない」として結論を導く認識方法）と非認識（存在しないものについての認識）の二つを認めている。

第3講

存在の根源
——「一者」をめぐって

世界を成り立たせているものは何か／ブラフマンを問う／プルシャ(原人)説／アートマン説／イーシュヴァラ説／決定論——定め(ニヤティ)説／決定論——時(カーラ)説／決定論——自性(スヴァ・バーヴァ)説／偶然(ヤドリッチャー)説，そして無因説

世界を成り立たせているものは何か

根源的一者と現象界の多様な事物との関係を、ウパニシャッドの思想家ウッダーラカ・アールニがどのように語ったかを、第1講において見た。そこで語られたことは、神話的な思考と合理的な思考が入り混じったままで曖昧なところもあったが、後に発展してゆくことになるいくつかの考え方の特徴がすでに現れている。それらを類型的に示すと次のようになるだろう。

（一）根源的一者から多様な事物が産出される［増殖説］
（二）根源的一者によって多様な事物が作り出される［創作説］
（三）根源的一者が変容して多様な事物（実在）が実際に現れてくる［開展（転変説）］
（四）根源的一者が変容して多様な事物（非実在）が幻影的に現れてくる［仮現説］

根源的一者のような超越的な存在など認めないで、自分たちが生きている日常世界のあり方を見つめることから、世界の成り立ちを考えようとした思想家たちが現れてきたことも、前回の講義で見た通りである。今回の講義では、根源的一者の存在については認めるものの、それが果たしてウッダーラカが語るようなブラフマン（あるいはアートマン）であるのかどうかを問おうとした者たちの思想を見ることにしよう。

ブラフマンを問う

『チャーンドーギヤ・ウパニシャッド』より時代が下がって、ブッダやマハーヴィーラが活躍した時代よりもさらに後の前三世紀頃に成立したと考えられているウパニシャッドに、『シュヴェーターシュヴァタラ・ウパニシャッド』がある。その第一章の冒頭では、次のような問いが発せられている。

ブラフマン（根源的一者）について論じる者たちが、次のように言っている。何が根本原因としてのブラフマン（根源的一者）なのか。われわれは何から生まれてきたのか。われわれは何によって生きているのか。われわれが拠って立つところは何か。ブラフマン（根源的一者）を知る者よ、楽と苦という二つの状況の中に置かれたわれわれは、何によってさらなる生存活動へとせき立てられるのか。時が根本原因と考えられるべきなのか、それとも自性か、定めか、偶然か、諸元素か、母胎か、プルシャ（原人）か。［否である。では］これらの協働が［根本原因と考えられるのか。］否である。［かくして、世界は］アートマン（自己）の存在の結果である［と考えられる］。［しかしながら、］アートマン（自己）もまた楽と苦の原因に対しては主宰者ではないから［、根本原因ではない］。（一・一―二）

『シュヴェーターシュヴァタラ・ウパニシャッド』は難解なテキストである。全部で六章より成っているが、各章の成立時期が異なり、この第一章は最後に成立してきたものと言われている。右に訳出した文章も、研究者によっていくつかの読み方が示されている。「何が根本原因としてのブラフマン（根源的一者）なのか」というのは私の解釈であって、最近の研究者の多くは、「ブラフマンの根本原因は何か」、「何を根本原因としてブラフマンは生まれてくるのか」と解釈している。

根源的一者として理解されているブラフマンについて、さらにその原因は何かと問うのは、ブラフマンの絶対的な優位性を疑うという点で、ありえる問いではある。しかしいったんこの問いを許すと、さらにその原因は何かという問いが無限に続くことになるだろうから、ここでは、ブラフマン（根源的一者）そのものの内実について問うものと理解したい。文法的にもこの解釈は可能で、一九世紀末に活躍したドイツの哲学者で、ショーペンハウアーの研究者、ニーチェの友人でもあったインド哲学の専門家パウル・ドイセンも、「ここでのブラフマンは、原理に与えられた一般的な名称である」と注した上で、「何が根本原因か。何がブラフマンか」と訳している。

「何がブラフマンか」、つまり「何が根源的一者か」、「何が世界を成り立たせているのか」という問いに対して、ここでは、「時(カーラ)」、「自性(スヴァ・バーヴァ)」、「定め(ニヤティ)」、「偶然(ヤドリッチャー)」、「諸元素(ブータ)」、「プルシャ(原人)」、「アートマン(自己)」という答えが提示されている。

このような根本原因についての問いは、当時しばしば発せられたものであり、各種のテキストに見られる。なかでも同書は、その最古のものであろう。ジャイナ教のいくつかの経典や『観点車輪』などの論書でも、早い時期からこのような根本原因についての言及が見られる。そして、時代が下がって八世紀頃ともなれば、ジャイナ教の論書においては、世界の成り立ちをめぐって諸学派で論じられてきた各種の問題を、三六三のパターンのうちに数え上げることがあり、そのなかに、時、自性、定め、偶然、アートマン、そしてイーシュヴァラ(神)を世界の原因とする説が示されている。

そこでまず、このジャイナ教の経典や論書類における論述を参考にしながら、世界を成り立たせる根本原因をめぐる思索を見ることにしよう。

プルシャ（原人）説

プルシャ（原人）を一切万有の根本原因とみなす考えは、古く『リグ・ヴェーダ』以来のもので、ウパニシャッドにおいてもしばしば見られる。たとえば、『リグ・ヴェーダ』第一〇巻に収められた「プルシャ（原人）の歌」では、「プルシャは、過去および未来にわたるこの一切（万有）なり。また不死界（神々）を支配す、食物によって成長するもの（生物界、人間）をも」（一〇・九〇・二。辻直四郎訳『リグ・ヴェーダ讃歌』）と歌われている。同じ歌は、『シュヴェーターシュヴァタラ・ウパニシャッド』（三・一五）にも出ており、プルシャを一切の存在物の根本原因と見る観念が一般的であったことがわかる。

そして、ジャイナ教の経典『スーヤガダンガ』（ジャイナ教の最古層の教説を記録する経典で、前二世紀頃の成立）には、これが次のように紹介されている。

さて次に、［「霊魂と身体は同一のものである」と主張する第一の者（唯物論者）、「一切は五元素から成る」と主張する第二の者（原子論者）に続いて、］「プルシャが一切万有の根本原因である」と主張する第三の者を見てみよう。［彼らは次のように説く。］……この世の一切は、プルシャをその根源とし、またその帰趨としている。［この世の一切は、］プルシャによってもたらされ、プルシャから生み出され、プルシャによって顕わにされ、プルシ

ャに常に伴われ、プルシャだけに従うものとして存在している。（二・一・二五―二六）

ここでの「プルシャ」は、ウパニシャッドにおけるブラフマンやアートマンと同じ位置を占めるものとして現れており、宇宙の根源的人間（原人）としての神話的形象をいまだに残している。ただ、その根源的一者が、具体的にどのようにしてこの世界のすべての事物・事象を成り立たせているのかは、ここでの説明を見る限りでは曖昧なままである。本講の最初に示した（一）から（四）のうち、どの説に基づくのかはっきりしないし、原因と結果の関係がどのようなものとしてとらえられているのかも明確ではない。

ただし、同書の他の箇所では、プルシャと現象界の諸事物との関係は、身体に対する潰瘍や体調不良の関係として、あるいは、大地に対する蟻塚や樹木や蓮の関係、水に対する波や水泡の関係として例証されている。中国哲学なら、これを「体」（本体）と「用」（作用・属性）の関係と言うところであろう。

これらの具体例が、ウッダーラカの教示の影響を受けていることは明らかである。その影響がよりはっきりと見てとれる論述をもうひとつ見ておこう。同じく『スーヤガダンガ』からの引用である。

そして、ちょうど土のかたまりが、ひとつでありながら、実に、多様なあり方で見られるのと同じように、「知的なもの」が、ひとつの世界全体でありながら、実に、多様なあり方で見られる。

（二・一・一・九）

この一文の解釈も難しくて、「ちょうど土のかたまりが、多様なあり方をしていながら、ひとつのものとして見られるのと同様に、全世界は、多様でありながら、ひとつの知的なものとして見られる」という風に読むこともできるのだが、先に見たウッダーラカの教示との関連かららすれば、前者の解釈の方がよいだろう。

そして、ここに言われている「知的なもの」とは、プルシャを指している。この一文が語っているのは、根源的一者であるプルシャ、すなわちブラフマン＝アートマンだけが、唯一の実在であり、それが一個の全体としての世界でありながら、現象界に多様な姿で現れているということである。

現象界の事物は多様なあり方で「見られる」と言うのであるから、それは当然、見かけだけということになる。すなわち、この一文は、後の一元論的なヴェーダーンタ派の考え方を語っていると言え、このような思想は後に、「アートマン説（アートマ・ヴァーダ）」あるいは「アートマン不二一元説（アートマ・アドヴァイタ・ヴァーダ）」と呼ばれるようになる。

つまり、プルシャ説が、ウパニシャッドに説かれた根源的一者についての教説のより原始的なかたち、つまり人格的な神の姿を残すものとすれば、同じようにウパニシャッドの教説に基づきながらも、非人格的で原理的な最高存在の現れとして世界のあり方を説明するのが、アートマン説であり、アートマン不二一元説であると言えるだろう。そこで、このアートマン説についてもう少し見ておくことにしよう。

アートマン説

［アートマン説は次のように説く。アートマンは、］単一で、偉大な自己であり、プルシャであり、神(デーヴァ)であり、一切に遍満してあり、あらゆる部分に隠されたごとくであり、理性をそなえ、属性をもたない、最高の存在である。

（『ゴーマッタサーラ』「カルマ章」八八一）

このテキスト『ゴーマッタサーラ』は、ジャイナ教の一派の空衣派の教理集で、九世紀に作られたものである。時代が少し下がってしまうが、「アートマン説」の考え方を定義的に示しているので、まず取り上げてみた。同じような考え方を示すものを、『スーヤガダンガ』から引用すると、次のような説明もある。

［アートマン説論者は、次のように説く。］未顕現で、偉大で、永遠で、不壊で、不変のプルシャ。その者は、ちょうど月が星々に対してそうであるように、あらゆる点で、ひとつの例外もなしに、他の存在物に対して、完全な者として現れる。（二・六・四七）

このように、根源的一者としてアートマンを主張する説は、一元論的で、その一者のみを実在として認めるものと言えるだろう。

このアートマン説における根源的一者が、どちらかと言えば非人格的で原理的な最高存在だとすると、このアートマン説から発展した根源的一者が、再び人格的な神の姿をとって現れてくるのが主宰神イーシュヴァラである。前三世紀頃、おそらくインドにおける有神論がはじまったと考えられるのだが、それは先に見た『シュヴェーターシュヴァタラ・ウパニシャッド』においてはじめて現れてくるものである。そしてシヴァ教やヴィシュヌ教といった後のヒンドゥー教においては、支配的な地位を占めるに至る。

イーシュヴァラ説

ここでは、その初期の姿を示すものとしてのイーシュヴァラ説を見ておくことにしよう。

これなる人間というものは、無知であり、自分自身（アートマン）の幸も不幸も自分ではどうすることもできません。イーシュヴァラにせき立てられて、天国へ、また地獄へと行かねばなりません。

（『マハーバーラタ』三・三一・二七）

古代インドの大叙事詩『マハーバーラタ』のこの詩節は多くの論書や注釈書に引用されており、これが、イーシュヴァラを人間存在のすべてを支配するものとして説く代表的な詩節であったことがわかる。後の時代になれば、有神論的な傾向をもついくつかの学派は、この主宰神イーシュヴァラを、その学説体系の内に取り込む努力をすることになるが、それについては後の講義で見ることにしよう。ここでは、イーシュヴァラに対する人々の素朴な観念を見ておきたい。

右の詩節は、『マハーバーラタ』の女主人公ドラウパディーが発した言葉である。盲目の王ドリタラーシュトラの息子たちの策略によって、理性を失い賭博に敗れてすべてをなくしてしまった長兄ユディシティラ。彼に率いられて、パーンドゥの五兄弟とその妻ドラウパディーは森に住むことになる。あるとき悲嘆にくれたドラウパディーは、夫であり法の人であるユディシティラに対してくりごとを言うが、それはいつしか神に対する非難の言葉に変わっていた。

世間の人は誰でも、イーシュヴァラの支配下にあります。自分自身（アートマン）の支配下にあるのではありません。このことについても、次のような古い言い伝えを例にあげることができます。「実に、主宰神である創造者（ダートリ）だけが、生きとし生けるものたちに、あらかじめその種子を播きながら、楽と苦を、愛と憎とを振り分ける。」ちょうど、木製の操り人形が［人に］操られてその胴体と手足を動かすように、これらの生きものたちも［神に繰られて肢体を動かすのです］。……創造者にとっては、田地と呼ばれるこの身体は、ただの道具にしかすぎません。神は、その者の身体によって、善と悪の果報をもたらす業（カルマ）を作らせるのです。……尊き神様は、好きなように、結びつけたり切り離したりして、子供があれこれのおもちゃで遊ぶように、生きとし生けるものたちを道具にして遊んでいるのです。……高貴な教えを踏み外し、残酷で、貪欲で、法を一顧だにしない、ドリタラーシュトラの息子たち、そんな彼らに幸運を与えてしまって、創造者は、どんな果報を得るのでしょうか。なされた行為の結果は必ずその行為者に付き従い、他に行くことはない［というのが業の理法です］。そうであるならば、きっとイーシュヴァラは、［自分がなした］罪深い行為によって汚されるでしょう。またもし罪深い行為をなしておきながら、［業の理法がはたらかず、］その結果が行為者に行かないのであれば、この世では、暴力こそが［すべてを支配する］根本原因であることになります。私は、非力な人々を前にして悲しみにくれるばかりです。

（『マハーバーラタ』三・三一・二〇―四二。一部省略）

理不尽な暴力に翻弄される人々の嘆きは、いつの時代でも変わらないが、ここで注目しておくべきは、イーシュヴァラについて語りながら、それが「業（カルマ）」の話になっているということである。業の観念は、神話的色彩の強かった根源的一者の観念にいずれは取って代わり、全く別種の原理として、インド人にとっての強迫観念のごときものとなるが、それについては第５講でみることにしよう。

このドラウパディーの言葉には、暴力的な運命の力に対する恨みのような響きが感じられる。実際、運命を、この世界を成り立たせている根本原因とする説もあったので、それを次に見てみよう。

決定論――定め（ニヤティ）説

『シュヴェーターシュヴァタラ・ウパニシャッド』が、根源的一者として数え上げたもののなかで、時（カーラ）、自性（スヴァ・バーヴァ）、定め（ニヤティ）、それに偶然（ヤドリッチャー）といったものは、いずれもなにかしら「運命」とか「宿命」といった観念とのつながりを思わせる。それらはまた、いずれも（少なくとも現代のわれわれにとっては）語の意味としては人格的な神の姿を思い浮かばせるものではなく、抽象的な、それゆえ非神話的な説のように思えるだろう。現象界の個々の事物が生まれては滅し、現れては消えるのはなにゆえか。それを決定論的な見方から説明しようとして持ち出されたのが、こうした説である。

これらの説においては、自己（アートマン）のはたらきとともに、人間の自由意志もまた否定され、さらには因果関係さえもその存在が否定される場合がある。そこでまず、「定め」の説から見てみたい。

われわれは、六師外道の説を第2講において見たが、彼らのなかで、マッカリ・ゴーサーラは、徹底的な運命論、決定論を説いた者であったと紹介した。彼の主張をそのまま伝えるこの派の経典は残っていない。そこでここでもまた、六師外道の活動を記録している仏典『沙門果経』を見ることにしよう。

［生きとし生けるものたちには、］その者自身によってなされた行為は存在せず、別の者によってなされた行為も存在しない。人間によってなされる行為は存在しない。［だから業の理法は存在しない。］体力もなければ精力もない、意志する力も精進する力も存在しない。すべての生きとし生けるものたちは、自発的な決定力もなく、体力もなく、精力もない。定め（ニヤティ）とめぐりあわせ（サンガティ）と自性（バーヴァ）によって変転させられ

る。六種類の生まれのなかで楽と苦とを経験する。　　　　　（『沙門果経』）

これが、定め（ニヤティ）説と呼ばれるゴーサーラの主張である。絶対的な決定論と行為における自発的な意志・努力の否定が、その特徴である。同じ主張は、ジャイナ教の経典や論書のなかでしばしば言及されている。『スーヤガダンガ』においても見出すことができ、先に見たプルシャ説に続いて、第四の説として説かれている。

ゴーサーラは、マハーヴィーラと一緒に六年間修行したと言われており、その結果として、ジャイナ教のテキストのなかに、ゴーサーラの伝記やその主張に関する伝承が多く残されることになったのであろう。そして、そのなかには、六世紀のジャイナ教思想家シッダセーナ・ディヴァーカラに帰せられる『定めについての三二頌（ニヤティ・ドゥヴァートゥリンシカー）』のような、「定め」説をもっぱら扱った論考も作られているのである。

それにしても、すべてがあらかじめ決まっているのであれば、何をしても無駄である。あるいは何をしてもよいはずである。しかし、ゴーサーラは裸形の苦行者であったと言われている。なにゆえ彼は苦行したのか。それも「定め」であったからと言うのでは、答えにならないのではないか。

実はこの問題は、ジャイナ教にとっても重大な問題であった。「業の理法」とは、前世の行為の結果が今世さらにはその先の来世における存在のあり方までをも決定しているというものである。それならば、今世でどれだけ努力しても、今世におけるその生存のあり方を変えることはできないではないか。

それだけではない、今世での努力という行為は、かえって更なる結果を来世にもたらすことになって、いつまで経っても行為の結果はゼロにはならない。それでは永遠に解脱できないことになる。どうすればよいのか。

ジャイナ教が考えたのは、「それなら行為をしなければよい」ということであった。この結論は、ヒンドゥー教の聖典である『バガヴァッド・ギーター』(一世紀頃現形が成立)でも同じであるが、ジャイナ教の場合は、杭のように突っ立ったままでいつづけること、すなわち直立不動、これが理想である。ジャイナ教は、この不動の実践によって、過去の行為の結果を消滅させるとともに、行為の結果を新たに作り出すこともない、と考えたのであった。

これに対して、ゴーサーラは、たとえ行為をしなくても過去の行為の結果を消滅させることまではできないと考えていた。愚者も賢者も、誰もが八百四十万大劫《だいこう》という長大な期間、輪廻し続け、やがて「定めとして」苦しみを滅して解脱すると考えていたのである。やはり、苦行も「定め」と考えて、たとえ無意味であっても、彼は苦行を行ったということに、結局はなりそうである。

決定論──時（カーラ）説

時間がわれわれを束縛している。人は時間に追われて生きている。現代に生きるわれわれも、時が、運命のように、人間を支配しているのではないかと思うことがあるだろう。しかし、古代のインド人たちが時に対して抱いた感情は、もっと具体的で、実感的で、圧倒的であったようだ。時（カーラ）説の主張を示すものとして、次の詩節が数多くのテキストに引用されている。

時は生きとし生けるものたちすべてを成熟させる。時は生まれたものたちを再び死へと追いやる。時は人々が眠っている間も目覚めていて、監視している。実に時は超えがたいものである。

（『マハーバーラタ』ボンベイ版一一・二・二四）

この詩節は、『マハーバーラタ』の標準テキストであるプーナ版では、本文には採られていないのだが、ボンベイ版などの古い刊本では入っている。サンスクリット文法の注釈書であるパタンジャリ（前二世紀頃）の『大注解書（マハーバーシュヤ）』にも、この詩の前半部分と同じ詩節がある。また、サーンキヤ派の『サーンキヤ頌』（五世紀頃）に対するガウダパーダ（七世紀）の注釈や、仏教の空の思想家龍樹の『中論頌』に対するチャンドラキールティ（七世紀）の注釈

『明らかなことば』のなかにも、引用されている。後二者の場合には、ともに哲学的に時間を論じる箇所での引用であり、批判の対象とされるものだが、彼らが時間というものについて語ろうとする場合に、「時」の観念として、すぐに思い浮かぶものであったのだろう。

とはいえ、われわれにとっては抽象的な観念である「時間」が、この詩節では、明らかに擬人化、人格神化されて歌われている（擬人化されている「時間」を、ここでは、「時」という語によって示している）。

時間をこのように、あたかも神のように表現するのは、インドでは『アタルヴァ・ヴェーダ』（前一〇〇〇年頃）以来の伝統的な観念であった。『アタルヴァ・ヴェーダ』には、「時（カーラ）の歌」としてまとめられた一群の詩節（一九・五三、五四）があり、そこにたとえば、次のような歌がある。

時は七条の［光の］手綱をもつ馬として［車を］牽く。千の眼をもち、老いることなく、種子に富む。詩聖たちは霊感を抱いて彼に乗る。全世界の存在物すべてはその車輪である。

……時は、あの天界を生み出した。時は、またこれらの諸世界を生み出した。すでにあるものもこれからあるものも、すべては時にせかされて展開する。

（『アタルヴァ・ヴェーダ』一九・五三・一、五）

同書では、「時は、最高神として天空を進み行き」(一九・五三・二)、「全世界の存在物を成立させる」(一九・五三・四)ものとして描かれている。さらには、「時からブラフマンは生まれた」(一九・五四・二)とも言われるのである。時(カーラ)についてのこのような観念は、確かに、それが、根源的一者の位置を占めることを、われわれに十分に理解させるものである。

昼夜の循環、四季の循環(インドでは、六つの季節(リトゥ)――春、夏、雨期、秋、初冬、冬――が数えられる)、年の循環、生と死の循環のような日常の場での「循環する時間」を経験し、時間のもつ永遠性と無常性についての観念を、古代の彼らもまたもっていたと思うのだが、ここに見られるのは、圧倒的な最高神、唯一の根源的一者の姿である。それは時(カーラ)が、客観的な時間ではなく、「運命」とか「死」とか、ときには「死神」のようなものとも結びついて観念されていたからである。

したがって、名著『インド哲学史』を書いたオーストリアのインド哲学者フラウヴァルナーがかつて指摘したように、インドの自然哲学を代表するヴァイシェーシカ派が、哲学的に「時間」を論じるようになったときには、この世界原因としての「時」が、そこで論じられることはもはやなかったのである。

決定論——自性（スヴァ・バーヴァ）説

二世紀に、クシャーナ朝第三代カニシュカ王の宮廷で活躍した仏教詩人アシュヴァゴーシャ（馬鳴）の『ブッダの生涯（ブッダ・チャリタ）』は、詩聖カーリダーサ（四―五世紀）に先立ってインド古典期の黎明を告げる作品であるが、同書に、次のような詩節が見出される。

茨のトゲの鋭さをいったい誰が作りますか。獣や鳥たちのあれこれ多様な性質をいったい誰が作りますか。すべてこれらは、自性によってそうなっているのです。自由な意志による行為などありません。まして努力などはたらく余地はありません。（第九章六二）

これは、コーサラ国釈迦族の王子という生まれを顧みず出家しようとするブッダに翻意を迫る場面で、王に命じられた大臣が王子に向けて語った言葉である。ダルマ（法）を求め、強く決心して解脱への道を自ら進もうとするブッダに対して、大臣は、「よいもわるいも、なるもならぬも、すべてはそのものの自性にもとづく。だから意志的努力など何の役にも立たないのだ」（五八）という或る者たちの主張を紹介して、説得にかかっている。ここで示されているのが、自性（スヴァ・バーヴァ、「それ自身の本来的な性質」）説である。

ここでもまたこの「自性」は、なにかしら「定め」的なものを思わせるものであり、この自性説もまた決定論の一種ということができるだろう。大臣としては、「すべては決まっていると言われているのだから、解脱すると頑張っても無駄なことではないか。王となる定めに従うのがよろしかろう」という理屈で説得しようというわけである。

大臣は続けて、「世界創造は、イーシュヴァラによるのであるから、人間の努力は何の意義もない」(六三)とか、「生滅は自己自身(アートマン)を原因とするが、生起には努力は必要なく、消滅(解脱)には努力が必要」(六五)だとか、「だからヴェーダの規定に従って努力してこそ解脱がある」(六六)とかと、矛盾も気にせずあれこれの説を並べ立てている。説得するのに自分の言葉ではなく、人の言葉を借りたりすると、大概うまくいかないものである。結局、説得は失敗に終わり、ブッダは自らの意志に従って出家したのであった。

ここには自性説だけでなく、イーシュヴァラ説やアートマン説のようなものまでが並んでおり、作者であるアシュヴァゴーシャが生きていた時代に、目下この講義で問題にしているような根源的一者をめぐる問題が、盛んに議論されていたことがわかる。

この詩節は、ジャイナ教の論書である『観点車輪』や『論理の秘密の灯火(タルカ・ラハスヤ・ディーピカー)』にはこのままの形で、『ゴーマッタサーラ』にはアルダマーガディー語に翻訳されて、いずれも自性説を示す詩節として引用されている。また、前半の言葉は同じで、後半の「すべてこれらは、」以下を、「いったい誰が、サトウキビを甘くし、センダンを苦くするのだろうか。これらはすべて自性によってそうなったのである」とするものもある。

先に引用した方は、自由意志も努力も否定するのであるから、決定論につながるものであり、さらに快楽主義や虚無主義ともなるものである。一方、すべては自性によるとする後の方は、単なる自性説を述べているだけのように思えるが、実はこれにはもっと重大な問題が潜んでいる。

偶然(ヤドリッチャー)説、そして無因説

「ものごとはすべて自性によってそうなる」という説は、「それ以外には原因はない」ということにつながり、「ものごとには他に決まった原因はない」ということを言うに等しいものとなる。それは、すべては状況次第で偶然に起こるという偶然説に他ならない。

そして、偶然説の場合は、ものごとがそうなるのは、時と場合によると言うことによって、まだ自性が限定的には原因であることを認めているのであるが、この説が極端になると、ものに原因があることを全く認めない「無因説」になるのである。

たとえば仏教論理学者ダルマキールティ(七世紀)は、無因説を批判する際に、「たとえばトゲなどの鋭さなどには原因はない。同様に、[苦にも]原因はないであろう」(『知識論評釈』第二章)というある者たちの主張を取り上げている。先に自性説で使われた「茨のトゲの鋭さ」が、

ここでは無因説を言うものとして使われているのである。あるいはより古くは、アシュヴァゴーシャが活躍したのと同じ頃に成立したニヤーヤ派の根本経典『正理経(ニヤーヤ・スートラ)』(四・一・二二)にも、「無原因から、ものは生じる。トゲの鋭さなどにおいて見られるから」という対論者の主張が見えている。

無因説を唱えるとどうなるか。当然、すべての原因を認めないのであるから、根本原因としての神の存在も認めないということになるだろう。『正理経』の論述はそういう文脈のなかにおかれている。一方、因果関係の存在を認めないということにもなるだろう。ダルマキールティの論述はそのような関連のなかにある。自性説は、インド思想史の流れのなかで、長い射程をもつことになる問題である。これら発展的な問題については、第5講で検討することになるだろう。

以上、「何が世界の根本原因なのか」、「何が根源的一者か」という問い――最も早くは前三世紀頃成立の『シュヴェーターシュヴァタラ・ウパニシャッド』によって問われ、その後、初期のジャイナ教や仏教の経典でもしばしば問われた問い――をめぐって、様々な議論が行われてきたことを見た。

そこでは、ブラフマンと同様に、神格としての位置を占めるプルシャやアートマン、そしてイーシュヴァラのような存在を言うものもあれば、時、自性、定め、偶然といったある種の抽象的な原理を言うものもあった。また、後にインド的観念の代表となる「業」についても垣間見たところである。こうした議論が、どのように展開してゆくのかを次に見ることにしよう。

第4講

二元論の展開
——サーンキヤ派

サーンキヤの思想／二四の実体とプルシャ／プルシャとプラクリティ／三要素(グナ)説／因中有果論／根本原因への帰滅／神の変貌／サーンキヤ説は何を語っているのか／認識のプロセスとヨーガ

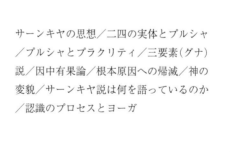

サーンキヤの思想

根源的一者が世界の根本原因であるならば、どのようにしてそれはわれわれが生きているこの世界を作り出したのか。一者がこの世界にある多種多様な事物を一挙に作り出したのか、それとも段階的にか。そもそも「作り出す」といっても、原因となって生み出すのか、道具と材料を使って作るのか、あるいは顕現させるのか。

ウッダーラカ・アールニが、それらの点を明確には語っていないことは、これまでの講義でもふれてきた通りである。彼はまた、「おまえはそれである」という一者と個人の関係を、喩えを使って説明したが、その関係が実際にはどのようにして成り立っているのかは、曖昧にしたままであった。

これらの点を明らかにしようとしたのが、サーンキヤの思想である。サーンキヤ派は、ウッダーラカの思想を受け継ぎ、それを発展させようとしたと言うことができるだろう。彼らは、根本原因から世界が作り出される過程を、「実体(タットヴァ)」の段階的な開展として説明している。まずは、その説くところを見てみよう。

『サーンキヤ頌（サーンキヤ・カーリカー）』という学説綱要書は、全体が七二の詩節からなるが、第二二―三八詩節において、根本原因からこの世界が作り出される過程について次のように述べている。

根本原因（プラクリティ）から、理性（ブッディ）が［生じる］。それ（理性）から、自我意識（アハンカーラ）が［生じる］。それ（自我意識）から、一六のグループが［生じる］。その一六のうちの五つ［の微細要素（タンマートラ）］から、五つの粗大要素（ブータ）が［生じる］。……その自我意識から［生じる一六のグループは、］二種類のグループに分かれて生じてくる。すなわち、一一のグループと、五つの微細要素のグループとである。……その五つ［の微細要素］から、五つの粗大要素が［生じる］。（二二、二四、三八）

それぞれの実体についての説明的な部分を省略して、筋道だけを追うと右のようになる。『サーンキヤ頌』は、サーンキヤ派の現存する聖典としては最古のものであるが、イーシュヴァラクリシュナというこの派の哲学者によってこれが著されたのは、五世紀のことであった。サーンキヤ思想の成立自体はもっと古く、後にふれるヨーガ思想とともに、大叙事詩『マハーバーラタ』のなかにもサーンキヤ的な様々な主張を見ることができ、この派に属する初期の思想家の名前もいくつか伝わってはいる。しかし、彼らの著作はすべて散逸して断片が伝えられているだけである。

イーシュヴァラクリシュナがこの書を著した五世紀ともなれば、他の学派の根本経典はすでに完成して流通していた時期である。また、自派の主張もすでに十分に体系化されていたであろう。そのような状況のなかで、彼は、他派の考え方にも十分配慮しながらこの綱要書を書いたと思われ、哲学的にも完成度が高い。それゆえこの書に対する注釈書も多く残されている。ここではそれらの注釈書にも拠りながら、まずは右の文章に示されたサーンキヤ派の考え方を説明することにしよう。

二四の実体とプルシャ

「根本原因」、「理性」、「自我意識」、そこから生じる一一と五の合わせて一六の実体のグループ、そして後者の五からさらに生じる別の五の実体。世界創出に関わるのは、これら合わせて二四の実体である。もう少し詳しく見ておこう。自我意識から生じてくる一六の実体とは、一一の「器官(インドリヤ)」と五の「微細要素」のことで、このうち一一の器官とは、耳・身・眼・舌・鼻の五知覚器官と発声・手・足・排泄・生殖の五行為器官と、ひとつの「思考器官(マナス)」とである。

一方、五の微細要素とそれから生じる五の「粗大要素」については、実は『サーンキヤ頌』には具体的な説明がない。しかし、声・触・色・味・香の五つが微細要素であり、空・風・火・水・地の五つが粗大要素であることは、すべての注釈書が一致するところであり、異論はない。また、「タンマートラ」をここでは「微細要素」としたが、語の原義は「それだけ」ということであり、「微細」という意味はもともと入っていない。ただ眼には見えないが確かに原因として存在していることから「微細」とされるのである。一方、「元素」と訳されることもある「粗大要素」についても、「ブータ」そのものには「粗大」という意味はない。ただ、火や水のような具体的なものとして、眼に見えることから、「粗大」と言われるのである。

さて、このうち、最初の根本原因以外の二三のものは、世界の内に「現れるもの」であり、根本原因は「現れないもの」とされる。そして、それら二四の実体の他にもうひとつ、全く独立して、「知る者」という実体が立てられる。すなわちこれが、「プルシャ」である。以上で、二五の実体ということになり、これがサーンキヤの「二五原理説」と言われるものである。

ここで「知る者」とされるプルシャについては、ヴェーダやウパニシャッドにおけるその根源的一者としての姿をすでに前回の講義において見たところである。そこでは、プルシャは、「原人」という神話的な姿を留めながら根本原因そのものとして語られていたのであるが、このサーンキヤ説においては、プルシャはもはや物質的な世界の創造に全く関わることのない、純粋に精神的なものとして位置づけられることに注意しなければならない。

前回の講義で見たように、ジャイナ教の聖典『スーヤガダンガ』にも、プルシャを「知的なもの」とする主張が見られたが、サーンキヤの思想において「知る者」とされるプルシャは、完全に神話的な形象を脱して、われわれ人間ひとりひとりの個我、アートマン(自己)とされている。『サーンキヤ頌』に従ってその特徴を見て行くと、それは「多数」である。それは「属性をもたず、見るだけの者であり、独存し、中立であり、観察者であり、何もしない者」である、ということになる。

しかし、プルシャ(自己)は「何もしない者」であると言うが、われわれは日常的に活動をし、その主体となっているのではないだろうか。『サーンキヤ頌』はこうしたごく当然の疑問に対し、それは、「[物質を構成する]三要素(グナ)が、実際の活動の主体であるのに、活動に無関心なプルシャが活動の主体であるかのよう」に見えているにすぎないと言うのである。

プルシャが精神的なものである限り、それが物質的な原因として物を生み出すという活動はできないはずであると、サーンキヤの思想家は考えたのである。そこでプルシャに代わって根本原因の位置を占めることになったのが、物質的根本原因としてのプラクリティであった。

プルシャとプラクリティ

しかし、では物質的な根本原因だけから世界創造は起こるのであろうか。そうではない。『サーンキヤ頌』には、「プルシャは、［世界創造を］見るために、プラクリティは、プルシャの独存（解脱）のために、両者はひと組となる。それによって創造がある」（二一）と言われている。プルシャは「見る者」であり、プラクリティは「見られる者」である。そして、両者が対になることで、世界の創造が行われるのである。

これが、精神と物質の二元論とされるサーンキヤの思想に他ならない。こうして、最初に見

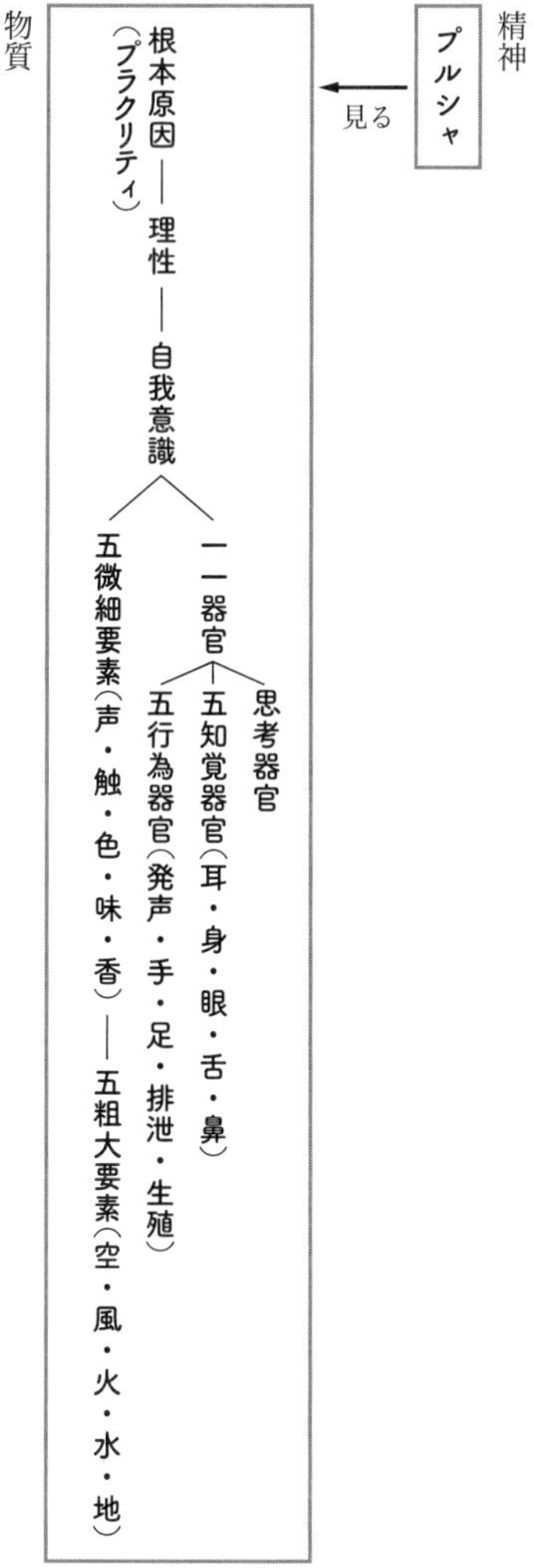

たような、根本原因によってなされる世界創造の過程ができあがったのである。これを図式的に示すと前頁のようになる。

ここで、根本原因と、それから生み出されるものについての一般的な説明を見ておこう。まず、根本原因は、別の何かから変異したものではない。一方、理性、自我意識、五微細要素の七つは、変異したものでかつ原因となるものである。他方、一一器官と五粗大要素は、変異したものだが、他のものの原因とはならないものである。根本原因から生み出されたものは、世界の内に「現れるもの」と言われるが、その一般的な特徴は、次のようなものとされている。

(a)「現れるもの」は、(一)原因をもつ、(二)永遠でない、(三)遍在しない、(四)活動する、(五)多である、(六)他に依存する、(七)帰滅する、(八)部分をもつ、(九)他律的である。これに対して、これらの特徴とは逆のことを特徴とするのが、「現れないもの」とされる根本原因である。

(『サーンキヤ頌』一〇)

また、次のようにも言われている。

(b)「現れるもの」は、(一)三要素(グナ)から成り、(二)[三要素と]別のものではなく、(三)

〔見る者プルシャの〕対象であり、（四）〔個々のプルシャにとって〕共通のものであり、（五）非精神的であり、（六）生み出すものである。〔「現れないもの」である〕根本原因も、〔この六つの点では〕同様である。（同一一）

これに続いて、「プルシャは、それ（根本原因）と逆であると同時に、同様でもある」と言われているが、これは、プルシャが、(a)群の特徴をもたない点では根本原因と同様であるが、(b)群の特徴をもたないという点では根本原因と異なっているということである。

さていま、根本原因と、そこから生み出される「現れるもの」とは、三要素からなっており、三要素と別のものではないということが言われた。この「三要素（グナ）」説もまた、サーンキヤ思想の重要な点である。これについて少し見ておきたい。

三要素（グナ）説

大叙事詩『マハーバーラタ』のなかに古いサーンキヤの考え方が残されているということは先にふれたが、その大叙事詩の一部を構成し、今日でもヒンドゥー教の所依の聖典として愛唱されている『バガヴァッド・ギーター』には、次のような一節がある。

純質(サットヴァ)、激質(ラジャス)、暗質(タマス)という、プラクリティから生じる諸要素(グナ)が、不変不滅の個我(デーヒン、身体の主人、「魂」)を、身体に縛りつけている。

(一四・五)

同書は、この後、人間存在を限定し様々に作用するこれら三要素について語り、さらに第一七章では、信仰、食物、祭式、苦行、布施が、そして最終章の第一八章では様々な行為が、「純質」「激質」「暗質」の三種に分類されて列挙されていく。このような論述を見てもわかるように、様々な物の内に、「純」(静・秩序)、「激」(動・混乱)、「暗」(鈍・停滞)という三つの要素をあれこれと認めるということは、サーンキヤ思想の体系が確立される以前からあったと思われる。

しかし、体系化されたサーンキヤ思想においては、この三要素は、物の基本的な構成要素、つまり「原理」として認められ、すべての物はこの三つの要素から構成されると考えたのである。

つまり、精神的実体であるプルシャ以外の、根本原因をはじめとする物質的な二四の実体は、すべて三要素によって構成されているのである。三要素は実体と別のものとして実体を限定しているのではない、実体そのものなのである。『サーンキヤ頌』は、次のように言っている。

純質は、軽快で照らすものであり、激質は、奮い立たせるもので活動的であり、暗質は、鈍重で覆うものであると認められている。［油と火と灯芯が一緒になって、］灯火［として、同じひとつの対象を照らし出すの］と同じように、［三要素は、一緒になって、物として］ひとつの目的のためにはたらくのである。［「現れるもの」は、三要素とは］「別のものではなく」云々と言われたが、そのことは、［「現れるもの」のすべてが］三要素から成り立っており、その逆（三要素から成り立っていないのに「現れるもの」であるようなこと）は決してないことに基づいて、証明される。結果は、原因のもつ三要素［と同じ三要素］を本質としているから、［「現れるもの」の原因である］「現れないもの」（根本原因）も、［同じ三要素をもつことが］証明される。

（『サーンキヤ頌』一三、一四）

根本原因であるプラクリティから、五つの粗大要素（地・水・火・風・空）に至るまで、さらにはそれらからできあがっている日常世界の対象、たとえば眼の前に存在している一個のコーヒーカップに至るまで、世界に存在するすべての物は、純質、激質、暗質の三要素によって構成されている。すべては三要素の合成体である。これこそがサーンキヤの根本的な考え方である。

われわれは第1講において、ウッダーラカの教示として、現象界のすべての事物を、熱、水、食物という三つの基本要素の集合体として理解すること、これこそが、現象界の成り立ちを理解したことになるということを見た。サーンキヤの思想家たちは、このウッダーラカの思想を受け継ぎ、ここに見るような三要素(グナ)説として発展させたのである。

そしてそのことは、『サーンキヤ頌』の後半に現れる原因と結果の関係についての考え方にも見てとれる。すなわち、サーンキヤの思想を特徴づけるもうひとつの考え方、「因中有果論《いんちゅううかろん》」がそれである。

因中有果論

すべてのものが三要素によって構成されているならば、なぜすべての物は同じにならないのか。眼に見えない根本原因も眼の前の現象界の諸事物も、ともに三要素から構成されており、しかもすべてはこの根本原因から生まれてきたのであれば、すべては同じように現れてくるはずではないか。それにもかかわらず、なぜ世界はこれほど多様でありうるのか。

三要素説を立てたとしても、なおもこの問いは問われなければならない。これに対する『サーンキヤ頌』の答えを見てみよう。その第一五詩節において根本原因としての一者が存在することを証明した上で、次の第一六詩節において次のように言っている。注釈にしたがって、少し補って訳してみる。

［この世界には、］その原因として、ひとつの「現れないもの」（根本原因）が存在する［ということが、証明された］。［これに対して、もし根本原因がひとつであるならば、いったいどうしてそれが多数の結果を生み出すのかと問うならば、次のように答えられる。］［一者である根本原因は、純質・激質・暗質の三要素の平衡状態として成り立っている。］その三要素から、［三要素の平衡状態が崩れたときに、根本原因の］活動がはじまるのである。そして、［根本原因は、三要素が］集合した状態にあるから［、そこから「現れるもの」を作り出すのである］。それは、転変（パリナーマ）によって［現象界に現れるのである。］ちょうど水［が、混じり具合によって様々に味を変えるの］と同じように、三要素のそれぞれの合成具合の違いによって［、理性、自我意識、微細要素、諸器官、粗大要素として、そして現象界の眼に見える多様な事物として現れてくるのである。］（一六）

ここにはじめて「転変（パリナーマ）」という語が使われている。『サーンキヤ頌』では、もう一箇所、第二七詩節においてもこの語は使われており、そこでは、「諸器官の多様性と、種々の外界の個物は、三要素の転変に基づく」と言われている。

「転変」は、根本原因から開展してくる諸々の実体、そして現象界の諸事物が、すべて同じ三要素の合成具合の違いによって様々に変化して現れてくるということを言うもので、サーンキヤ派の因果論である因中有果論と密接な関連をもつ重要な概念である(したがって、「転変」という訳語は、根本原因の多様な事物への変容・開展(パリナーマ)について、サーンキヤの立場から言う場合に限って使うことにする)。

因中有果論とは、字義通りには、「原因の内に結果は存在する」ということであるが、厳密に言えば、「原因が結果を生み出す前に、結果は原因の内に存在している」という主張である。ただ、『サーンキヤ頌』の作者が考えている「原因(カーラナ)」と「結果(カーリヤ)」には注意が必要である。因果性の問題については、次回の講義において扱うことにしたいが、『サーンキヤ頌』をここまで見てきてわかるように、ここでは、「原因」という語は、もっぱら質料因を指して使われている。

これに対して、現代のわれわれは、ある事象についてその「原因」を問うという場合、それの動力因(作用因)を考えるのが普通であろう。たとえば「何が彼女をそうさせたか」と問う場合のように。われわれは、彼女の行動のきっかけや目的、あるいは考え方のうちに「原因」を求めるが、彼女を生んだ母親が「原因」であるとは——確かに「原因」ではあるのだが——考えないであろう。

しかもさらに重要なことは、サーンキヤの思想においては、結果は原因から発出するだけでなく、原因へと「帰滅」しもするのである。先の図式において見るならば、サーンキヤの因果論は、根本原因から現象界への開展だけではなく、現象界にある五粗大要素や各器官から根本原因への逆方向の収束の流れも含んで、考えられているのである。

根本原因への帰滅

世界の根本原因は、物質的なプラクリティである。それが、精神的なプルシャと出会うことによって、世界の創造がはじまる。しかしプルシャは「見る者」であって活動は全く行わない。一方のプラクリティは、見られることによってあたかも自動機械のように創造を開始する。

われわれは、前回の講義において、何かしら人格神的な形象を帯びた根源的一者の姿を見た後に、自性とか偶然といった非人格的な原理としての根源的一者の姿も見た。それらはいずれにしても、人間存在に対して支配的にはたらくものとしてとらえられていた。しかし、このサーンキヤの思想に至っては、そうした絶対的な根源的一者の姿は消えてしまったかのように思える。

この点を、根本原因への諸存在の帰滅ということとの関連で見ることにしよう。『サーンキヤ頌』第一五詩節は、根本原因の存在を証明するために、次の五つの論拠を挙げている。

［「現れないもの」（根本原因）は、たとえ見えなくても、存在している。］（一）個々［の「現れるもの」］は、それぞれの大きさが決まっているから。［それを決めたものが存在するはずである。］（二）個々［の「現れるもの」］は、みな共に［ひとつのものに］随伴するから。［ひとつの随伴されるものが存在するはずである。］（三）個々［の「現れるもの」］は、ある能力に基づいて現れ出るから。［その能力をもつものが存在するはずである。］（四）原因と結果は区別されるから。［結果である「現れるもの」とは別に、原因が存在するはずである。］（五）多様な姿をしているものが、［一者において］他と区別がないものになるから。［一者が存在するはずである。］　（一五）

（一）から（五）の論証は、いずれも同じ形式をとっている。基本的には、「こうなるには、何かそうなる原因が別にあるはずだ」という理屈に基づいて、その別のものの存在を論証しようとするものである。目的論的な神の存在証明の一種と言うこともできるだろう。

ここで、問題となるのは（五）である。いくつかの注釈はこれを、諸存在がそこから開展しそこへと帰滅する根本原因の存在を論証するもの、としている。根本原因が活動をやめたときには、「現れるもの」はすべて根本原因の内へと帰滅する。そういう場所として根本原因は、必ず存在しているというのである。そして、そのときには、それらのすべてのものはそこにおいて区別がないものとなっているというわけである。

このような論述にはやはり何か神話的な、宇宙創造の名残りのようなものを感じざるをえないが、実は、これとは全く別の解釈を示す注釈がある。しかもその注釈においては、さらに注目すべき記述がなされている。それを見てみたい。

神の変貌

問題の注釈は、『道理の灯明(ユクティ・ディーピカー)』といい、作者は不明であるが、『サーンキヤ頌』に対する「最も重要な注釈」とされている。遅くとも七〇〇年頃には成立していたと考えられている。そこにおいて、右の(五)の論証に対して、次のような注釈がなされている。

われわれは、個別化された状態を、「多様な姿をしている状態」と言い、個別性がなくなった状態を、「他と区別がない」と言うのである。「個別性は共通性を前提にしているから」、というこのような意味が、「(五)に言われた」「多様な姿をしているものが、「一者において」他と区別がないものになるから」と言うことで、言われているのである。

（『道理の灯明』）

これは根源的一者と個別的多者の関係を、原因と結果の関係ではなく、一般性と個別性の関係としてとらえている点において、極めて注目すべき論述である。それは、ウッダーラカが、根源的一者を〈あるもの〉という一般者の姿で語り、それと現象界の諸事物の関係を変容としてとらえたのと通じるところがある。くり返しになるが、ウッダーラカの〈あるもの〉は、それほど人格的な形象を帯びたものではなかった。根源的一者が、人格的な「神」の姿を帯びるのは、その後の観念の発展の過程においてである。

『シュヴェーターシュヴァタラ・ウパニシャッド』第一章において、それが、主宰神としてのイーシュヴァラの姿を垣間見せることは前回の講義で見た通りである。そして、いま再びそれは、「神」の相貌を取り除かれて、属性をもたない一般者の姿に戻ったのである。『道理の灯明』では、そのことを明確に示す論述が、その後に続いている。

世界の根本原因は何か。原子か、プルシャか、イーシュヴァラ(神)か、行為(カルマン)か、運命か、時間か、偶然か、それとも非存在かという議論である。そして、そのいずれもが、そもそも原因ではないという理由で、根本原因であることを否定される。原子や行為は、作られたものであって結果であるから、原因ではありえない。時間は、そもそも実在しないから、原因ではない。そして、プルシャは、この講義でも見たように、活動する者ではないから、そもそも原因とはなりえないし、イーシュヴァラもまた、精神性(チャイタンヤ)と異ならないものであるから、同様に原因とはなりえないと論じられるのである。

この後、『道理の灯明』での議論は、ニヤーヤ派とヴァイシェーシカ派が「神」として認めるイーシュヴァラの批判へと進むが、これに関してはまた後の講義で扱うことになるだろう。ともあれ、以上のことから、サーンキヤ派は、イーシュヴァラを、世界の創造を行う主宰神としては、認めていないということが明らかになった。

サーンキヤ説は何を語っているのか

さて、このあたりで視線を変えて、サーンキヤ説は、実のところ何を語っているのかということを、現代のわれわれの立場から考えてみたい。

根本原因からの世界創造の図式を眺めていると、疑問が次々に湧いてくるのではないだろうか。物質的な根本原因であるプラクリティから最初に作り出されるものが、「理性」とはどういうことか。さらにそれから生じる「自我意識」とは何なのか。「理性」や「自我意識」は、個々の人間に関わることで、世界の創造とは関係ないのではないか。

世界とは、「私」の外部に成り立っているものである。「私」の外部であるはずの場所に、なぜ「理性」とか「自我意識」が生まれてくるのか、それが疑問なのである。それにまた、根本原因は、世界を作り出すのであるから、質料因でなければならない。つまり物質である。その点でもやはりそれは、「私」ではない。「私」の外部である。そんなものにどうして「理性」や「自我意識」が生まれてくるのか。そのような「理性」や「自我意識」とはいったいどのようなものなのか。

サーンキヤ思想が語るところが、もっと単純な宇宙創造説であったら、われわれはそれを相変わらず神話的だと思いながらも、納得したかもしれない。しかし、ここで語られているのは、経験的に奇妙としか思えない説なのである。そこで、図式のなかの二五の実体について、もう少し詳しく考えてみることにしよう。

まず、プルシャとプラクリティである。プルシャは「見る者」であり、プラクリティ（根本原因）は「見られる者」である。両者が出会って世界の創造がはじまる。「見る」のは活動ではないのかと言われるかもしれないが、「見る」だけなら活動ではないだろう。いやここで重要なのは、そんな揚げ足とり的な問いと答えではなくて、ここで真に言わんとしていることが何であるのかを考えることである。

ここで言わんとしているのは、「見る」「見られる」という主体性と客体性の融合において、われわれの経験世界が成立してくるということである。

プルシャもプラクリティも、眼には見えないものであり、その存在は推理によってしか知られない超越的なものである。しかし、いまこうして机の前に坐っている「私」は、頭蓋骨に開いた穴である眼窩を通して、そこにはいっている二つの眼球を通して、「外」を見ている。この「私」がプルシャであり、「外」がプラクリティであるとしたらどうだろうか。

確かに、プルシャ(私)もプラクリティ(外)も見えない。見えるのは、すでに現象として存在している粗大な様々な事物の姿である。いまこの本を読んでいるあなたにとっては、「私」が見ているのは、この本である。ここから出発して、サーンキヤの二五の実体の図式について考えてみたらどうなるだろう。

認識のプロセスとヨーガ

まずは、眼の前のこの本からはじまる。本は、二五の実体で言えば、物質的な対象であって、五つの粗大要素である地・水・火・風・空のうちの「地」の要素から成り立っているから(これはまあそういうものだと思っていただきたい)、そこにおいて、粗大要素についての認識作用が起こっているわけである。粗大要素についての知識は、その原因である微細要素となって知覚器官によって認識される。微細要素は知覚器官の認識対象であり、微細要素はその内容をそれぞれに対応する知覚器官へと送るのである。思考器官が、各器官から伝えられるその内容を調整して統合する。自我意識は、その内容を「私」と結びつける（「私はこの本を見ている」、「この本は私のものだ」、「私にはこの本が面白くない」）。そして、理性が、概念的にその状態を理解する。この間、「私」は実際には何もしていないが、この一連の過程を見ている、つまり経験するのである。この方向を逆向きにたどれば、サーンキヤ説の図式になるだろう。

「私」と「外」との関係について、このような認識を得るに至るためには、サーンキヤの哲学と深いつながりのある「ヨーガ」の実修によって得られた経験が強く関わっていたはずである。ヨーガとは、感覚器官を制御し、心を一点に集中することで、「見る者（プルシャ）」が自己本来の状態に安住することを言う。したがって、ヨガ教室で行われている身体訓練や呼吸法の実践――ハタ・ヨーガと総称される――とはかなり異なったものである。

静慮し瞑想することで、地などの粗大な対象から微細な要素へ、さらにより微細な自我意識から理性へと意識を集中し、理性よりもさらに微細な根本原因へと到達したときに、無垢透明な意識状態が実現する。そしてこの心の状態が消滅したときに、プルシャの本来の状態である「独存（解脱）」が実現すると、ヨーガ派の根本経典『ヨーガ・スートラ』には言われている。このようなヨーガの実修において、サーンキヤ派の説く世界開展のプロセスは、実感をもって体験されていたと思われるのである。

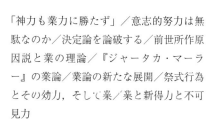

第5講

因果論と業論
——世界を動かす原理

「神力も業力に勝たず」／意志的努力は無駄なのか／決定論を論破する／前世所作原因説と業の理論／『ジャータカ・マーラー』の業論／業論の新たな展開／祭式行為とその効力，そして業／業と新得力と不可見力

「神力も業力に勝たず」

鎌倉時代の仏教説話集に『沙石集《しゃせきしゅう》』という作品がある。仮名まじりの文章で面白おかしくお坊さんたちの逸話を語っている有名な本で、後世の落語の種本にもなっているが、そのなかに「神力《じんりき》も業力《ごうりき》に勝たず」という言葉がでてくる（巻一所収（七）「神明道心ヲ貴ビ給フ事」）。神の力も業の力（因果の理法）にはかなわないという話である。

比叡山の東塔《とうとう》の北谷《きただに》の宿坊に住んでいた貧しい僧が、日吉大社《ひよしたいしゃ》に一〇〇日間参詣し願掛けをしたところ霊験を得た。喜んで果報を待っていたのだが、ささいなことで長年住み慣れた宿坊を追い出されて、しかたなく西塔《さいとう》の南谷《みなみだに》の宿坊に間借りすることになった。

いったいどういうことかと、再び日吉大社を訪れ、祈願したところ、神様が現れて言う。「おまえは前世で大した善業も積んでいない。それでも、寒い北谷から日当たりがよく暖かい南谷の宿坊に移れるぐらいのことはしてやろうと思ったのだ。これ以上は私の力の及ぶところではない」と。人が前世でなした行為の結果としてもたらされる業の力は決定的なもので、遁《のが》れようがなく、神仏の力もかなうものではない。だから、「神力も業力に勝たず」と言われているのだと、話は結ばれる。

これに続くもうひとつの話。釈迦が在世中に、親類縁者五〇〇人を吠瑠璃太子《べいるりたいし》に殺される。前世において漁師であったこの五〇〇人は、一匹の大魚を海から引き揚げて殺した、その報いである。この大魚が今世の吠瑠璃太子であった。当時、幼かった釈迦も一本の草の葉で、その大魚の頭をたたいたという。「それで、いまも頭が痛いんだ」と釈迦は言ったとか。お釈迦様でも悩みがある。まして凡夫のわれわれにおいてをや。因果の理法は遁れがたいものなのである、というのがこの話のオチである。

第3講において、われわれは、勝手気ままな主宰神イーシュヴァラの振る舞いになすすべもないドラウパディーの嘆きの言葉を聞いた(『マハーバーラタ』)。そこでは神は、人を因果の理法に従わせながら、自らはその理法から遁れているかのような圧倒的な姿を示していた。

しかし、いまここに見る神の姿は違っている。生死輪廻をくり返す人間は、自分の行為の結果は自分で引き受けると決まっている。人は否応なしに苦の境涯に巻き込まれていく。なすすべもない人間は、だからこそ神仏にすがるのである。善い行いをすれば、それが神仏に評価され、よい果報も得られるだろうと努力もするのである。それがなんと、神も仏もあるものか、神仏の力は、業の力、つまり因果の理法にはかなわない、だから今世では人は自分の境遇を変えることはできないのだというのである。

意志的努力は無駄なのか

われわれが第3講で見た根源的一者の姿は、人格的なものであれ非人格的なものであれ、動力因として世界を成り立たせ、人間存在に対する支配力は絶対的であり、そこにおいて人間の意志的努力は全く何の役にも立たないものであった。また、前講で見たサーンキヤの思想においては、世界の根本原因は物質(質料因)たるプラクリティであったから、その因果関係によって成り立っている世界に対しては、人間の行為がはたらきかける余地はやはり全くないかのようであった。それに対して、本講において見るのは、人間の行為と密接に関連する「業(カルマ)」の思想である。

「業の理法」、つまり「因果の理法」というのは、人が前世においてなした行為の結果を自ら後世において引き受ける原則のことである。人は、知らず知らずのうちに無数の悪行を積み重ねているから、その結果、大概の場合、自分でも訳のわからないまま、いつしか苦の境遇に陥らざるをえないし、それをどうすることもできない。そういう諦めの観念がそこにはつきまとっているように思える。

しかし、この世においては、日常的に人間は善い行いもするし、意志的な努力もする。人の生き方という観点からすれば、「よく生きたい」と誰もが思っているし、社会的な観点からしても、人にはよく生きてもらわなければ困るのである。では「よく生きること」「よい行為を行うこと」と、「業」とはどのような関係にあるのか。ここでは因果性の観点から、この問題を考えてみたい。

さて、第3講では、アシュヴァゴーシャ『ブッダの生涯』に、自性説やイーシュヴァラ説を持ち出して、ブッダに出家を思いとどまらせようとした大臣の話があるのを見た。人の運命は、自性によって決まっている。あるいは、神によって決められている。だから努力など無駄である、出家はおやめなさいと、ブッダに対して説いた話である。ブッダはそんな説得を意に介さずに城を出たというのがそこでの話であって、彼がこれらの説に反論したという話ではなかった。

一方、同じ西暦一〇〇年頃に成立したと思われる『ジャータカ』には、前世においてブッダが無因説（自性説）やイーシュヴァラ説を斥けたという話が出てくる。『ジャータカ』は、主としてブッダの前世の物語を集めた初期の仏典で、パーリ語で残され、漢訳では『本生経《ほんしょうきょう》』と呼ばれている。そのなかの第五二八話に、「マハーボーディ前世物語」という次のような話がある。

ブッダの前世である遍歴行者ボーディが遊行《ゆぎょう》の途中で立ち寄ったブラフマダッタ王の宮廷には、五人の大臣がいた。彼らはそれぞれ、無因説（自性説）、イーシュヴァラ説、前世所作原因説、断滅説、武人権謀説の論者であった。ボーディ行者は、彼らの説を論破しようと一策を講じ、人々から布施された猿の肉を食べて、その毛皮を敷いて王の前に坐った。そこで五人の大臣は、王の信頼を得ているボーディ行者を辱めようとして、「猿を殺してその肉を食べた」と嘲ったのであった。これに対し行者は、「あなたの説に従って、あなたを信頼して、そのように行動したのに、どんな悪事がなされたことになるのか」とひとりひとりに問いかけて、彼らを論破していくのである。

決定論を論破する

［無因説とは、］「すべての行いは、自性に従ってのことであるから、意図もしないで、なすべきことをもなさざるべきことをも、人はする」ということ。それならば、意図せずなされたこのことのいったいどこに、罪になることがあるのか。あなたの説が正しいのであれば、［その説の通りに］私は猿を殺しただけのことで、間違ったことはしていない。もし自分の説に間違いがあると知ったのであれば、あなたは私を非難してはならない。なぜなら、あなたの説がそのように間違っているのだから。

（『ジャータカ』第五二八話）

無因説（自性説）はこうして斥けられた。次にイーシュヴァラ説に対しては、もしイーシュヴアラが一切の主宰者であるならば、罪はその主宰者にあると言って、「あなたの説が正しいのであれば、……」と同じ文句をくり返している。さらに前世所作原因説（前世においてなされたことにすべての原因がある）という説に対しては、それなら猿は、前世の行為の報いでこうなっただけのことであると言って、やはり同じ文句をくり返している。

断滅説は、「この世も存在せず、あの世も存在しない。母も存在しないし、父も存在しない。死後に生まれ変わる存在もない。人間は、四種の原理（地・水・火・風）から成り立っているにすぎない」と説いたアジタの説（第2講参照）を指しているようで、「この世界が全く存在しないのならば、いったいこのどこに、罪になることがあるのか」と言って、以下同じ文句がくり返されている。五番目の武人権謀説は、必要・目的のためならば、父母をも妻子をも殺してよいとする、目的のためには手段を選ばないとする説である。「食料として必要・目的があるから、その説に従って、私は猿を殺しただけ。間違ったことはしていない」と言って、やはり同じ文句をくり返している。

相手の説に依拠してなしたはずの行為の結果を、相手が嘲り笑うのであれば、それは相手が間違っているということになるという論法である。五人の大臣の説は、いずれも決定論の一種だと言ってよい。

決定論とは、行為の原因は直接の行為主体以外にあるという主張である。そうであるならば、行為者に対してその行為の責任を問うことはできないはずであり、その行為を非難することもできないはずである。こうして五人の大臣の説を斥けたボーディ行者は、次のような詩節を王に与えて、王は法によって国を治めるべきことを説いたのであった。

もし、精進努力も善悪の行為もないならば、王は、建築家を雇ったり、七層の高楼を建てたりすることはありません。精進努力も善悪の行為もあるからこそ、王は建物を建てたり、建築家を雇ったりするのです。（同右、第一六四、一六五詩節）

こうして確かに意志的努力が必要なことが言われたのである。しかし、ここに示された論理では、いささか弱いように思える。しかも、批判された説にある「前世所作原因説」は「業」の理論そのものではないのか。過去に行った行為の結果は必ず引き受けなければならないのであれば、それを自らの意志で変えることは不可能ではないか。やはり精進努力は無駄なのか。この点についての議論をもう少し見てみよう。

前世所作原因説と業の理論

意志の自由もなく、自らの行為を決定することもできず、すべては過去（前世）の行為が原因であるという前世所作原因説は、第3講で見た「定め（ニヤティ）」説に該当するが、この観念はさらに遡って、ウパニシャッドにその萌芽を見出すことができる。ここでもまたウッダーラカ・アールニの息子シュヴェータケートゥが狂言回しの役を演じている。ここでは第1講と同様に、『チャーンドーギヤ・ウパニシャッド』(第五章)を取り上げるが、同じ話は、『ブリハッド・アーラニヤカ・ウパニシャッド』(第六章)にも、また『カウシータキ・ウパニシャッド』(第一章)にも見られる。

父ウッダーラカから教えを受けたはずのシュヴェータケートゥは、集会で、ある王から、「人間は死後、この世からどこへ行くか知っているか」、「どのようにして再びこの世界に戻ってくるか知っているか」などと問われたが、「知りません」としか答えられなかった。意気消沈して帰ってきた息子は父に、「なぜ教えてくれなかった」と詰めよるが、それは父のウッダーラカも知らない事柄であった。そこでウッダーラカ自身が王のもとに出向いて教えを乞うことになる。それが、死後に死者がたどる二つの道、「神の道」と「祖霊の道」についての二道説である。

王は、「この知識は、あなた以前にはバラモンたちに伝わったことがなく、それゆえあらゆる世界のうちで王族にだけ知られている教えであった」と語っている。ここでもまたウッダーラカは新しい思想に関わるものとして登場しているのである。この二道説は、死後の再生、輪廻転生の初期の観念のかたちをわれわれに教えるものである。そしてそこに、この世における素行の善し悪しが、次の生存のよしあしを決定するという観念、すなわち「業」の観念も現れてくるのである。

ただ、このウパニシャッドに見る観念は、それほど決定論的、運命論的であるようには思えない。これが決定論として成立するためには、現実の世界の虚しさ、悲惨さ、苦悩といったものが実感され、人間の力ではどうしようもないものに対する絶望を、人が経験する必要があっただろう。前世所作原因説のような決定論が、一—二世紀に現れてきた背景には、そのような時代状況があったのではないだろうか。

『ジャータカ・マーラー』の業論

しかし、原因と結果の関係は、なにも過去の原因と現在の結果の関係に限られるものではないはずである。過去と現在の関係だけならば、それは一方的に過去によって現在が限定されていると言うことも可能であろう。しかし、現在の原因と未来の結果の間にも、因果関係はあるはずである。過去が未来までをも限定していることはないだろう。

未来を限定するのは現在である。そうであるならば、現在の私の行動が、未来を作り出すのだと考えることもできるのではないか。「業」の理論が、新たな展開を迎えるのは、そのような考え方からである。

先ほど見た『ジャータカ』に題材をとり、その物語を典雅なサンスクリット詩の文学作品に仕上げたものとして、『ジャータカ・マーラー（菩薩本生鬘論《ぼさつほんしょうまんろん》）』がある。アシュヴァゴーシャと同じ二世紀頃に活躍したアーリヤ・シューラの作で、その第二三章が、先ほどと同じ「マハーボーディ前世物語」である。

筋立ては全く同じで、五人の大臣がそれぞれに自説を説いて、王を間違った考えへと導こうとしているのを見たボーディ行者が、王を救い出すという話である。まず、無因説（自性説）が次のように紹介されている。われわれは、すでに、アシュヴァゴーシャ『ブッダの生涯』におけるそれと、『ジャータカ』におけるその紹介を見ているが、このアーリヤ・シューラのものも、アシュヴァゴーシャのものと同様に、文学的にすぐれており、後のサンスクリット詩文の詞華集にも収められている。

ハスの花の花柄・花弁・花糸・花托の形や色、配置や柔らかさなどを決めたのは、いったい何でしょうか。あるいは、ここにいる鳥たちの翼の羽根を色とりどりに染めあげたのは、だれですか。この世のすべてのものは、常にそのように、自性によって成り立っているのです。

（『ジャータカ・マーラー』第二三章第一七詩節）

これもこのまま神の存在論証にも使えそうな内容だが、ここでは、他に創造者はいないのだから、自性によってそうなっているのだという論理である。一方、イーシュヴァラ説は、この自性説を否定して、次のように説かれている。

この世のものは何ひとつ、原因もなく自性から生まれるなどということはありません。この世には、一切の上に立つ、ある無限の一者が存在します。その者が、個々別々の意図をもって自ら決断して、この多種多様な世界を作り、そして再び、無にするのです。

（同第一八詩節）

そして問題の前世所作原因説であるが、次のように説かれている。その導入の言葉も含めて翻訳する。

「この世のすべては、幸も不幸も、前世の行為によって作られたものであって、意志的努力によってなされうるものではない」とこのように考える別の大臣は、次のように主張した。

いったいどのようにして、その（イーシュヴァラ説の）ように、一者が、同時に、個々別々のものを拠り所にしている多種多様な無数の存在物を作るのでしょうか。そうではなくて、そのような一切は、前世になされた行為を原因とするものなのです。なぜなら、幸福を願って懸命に努力した者であっても、不幸に陥るのですから。　（同第一九詩節）

ここまでの叙述を見てもわかるように、アーリヤ・シューラは議論を論理的に展開し、しかも明快である。この後、今度はボーディ行者が、大臣たちそれぞれの説に反論を加えることになるが、そこで展開されている論述は、『ジャータカ』の場合と比べてやはり論理的であり、行為（業）に関わる問題が確かにはっきりと作者にとらえられていたことがわかる。行者は、次のように反論を述べている。

業論の新たな展開

もし猿を現に殺している私に罪があるならば、その場合、その罪は私によって作られたのであって、前世の行為によって作られたのではないことになります。またもし、ひとつの行為は［必ず］別の［前世の］行為を原因とするものであると認められるならば、［行為は必ず来世に行為を生み出すことになります。］もしそうであるならば、［生存の連鎖が途切れることはなく、」誰も解脱に到達することはないでしょう。もし、諸々の苦の原因のなかにありながら、その人が幸福のままであったり、逆に人を幸福にする様々な状態にありながら、その人が不幸なままであるならば、確かに、幸も不幸も、前世においてなされたひとつの行為を原因として生じてくるものだと推理されるべきでしょう。しかし、幸も不幸も、そのように経験されることはないのです。[幸福な人が不幸になったり、不幸な人が幸福になったりするのです。] それゆえ、その(幸や不幸の)原因は、唯一前世の行為だけということにはならないはずです。[きっとそこには変化をもたらす新しい原因となる新しい行為があるはずです。] それでも、もし[原因となる]新しい行為は存在しないというならば、いったいどうして、それ(新しい行為)がないときに、古い行為が[原因として]あるなどと言えるのでしょうか。

(同第四二—四四詩節)

ボーディ行者のこのような反論を受けて、大臣は沈黙する以外になかった。言わんとするのは、不幸を幸に(あるいは幸を不幸に)、苦を楽に(また楽を苦に)転換しうる原因となる新しい行為(業)がありうる、ということであろう。ここで述べられた論理が、果たして本当に有効であったかどうかはわからない。なぜなら、決定論者は、たいてい「それも含めて前もって決まっていたのだ」と言うであろうから。

しかし、ここにおいて、業のはたらきのうちに、人間の自由意志や意志的な努力がはたらく余地が見出されたことは間違いないであろう。前世のブッダであるボーディ行者は、王の信頼が自分に戻ったのを見て、次のように言っている。

すべては因縁によって成り立っていると見ている人、自分の責任で行動する人、未来の世界を信じている人、善を誓っている人、慈悲深い人、そのような人の誰が、生きているものを殺すでしょうか。（同第五六詩節）

この前世物語が、真に言いたかったのは、決定論のもつ非道徳性、非社会性であったと思われる。それが目指したのは、因果の理法を、決定論とは別の道徳的な原理へと転換することであった。こうして、業の観念は、「根源的一者」としてこれまで見てきた決定論的なあるいは機械論的な因果性に関わるもののグループを離れ、善い行為は好ましい結果をもたらし、悪い行為は好ましくない結果をもたらすという、人間の行為と結びついた道徳的・社会的な因果性の原理となったのである。

つまり、業の原理は、単なる因果性の原理でも、単なる道徳法則でもなくて、その両方のはたらきをもつものとして成立しているのである。このことは、単に仏教において当てはまるだけではなくて、およそインド的な考え方でもあった。

ただし、そこから二つの派を除かなければならない。ひとつはローカーヤタ派、もうひとつはミーマーンサー派である。

すでに見たように、唯物論的な傾向をもつローカーヤタ派(チャールヴァーカ派)は、来世の存在を否定している。したがって、業の原理ははたらきようがないのである。もちろん、この世だけでも行為の因果性は成り立つのだが、問題は来世にそれがつながっているかどうかである。なぜなら業の原理によって、人は輪廻し、そして解脱するからである。つまり、業の原理には、因果性と、道徳性と、もうひとつ超越性という要素も必要なのである。

一方、ヴェーダ祭式中心の伝統的な世界観を保持するミーマーンサー派においては、行為は常にヴェーダの祭式行為をモデルとしてとらえられていた。したがって、そこにおける道徳性と超越性のあり方が、仏教やジャイナ教、また六派のなかの他の派とは異なっているのである。そのことを確認するために、まずはヴェーダの祭式行為において、来世とのつながりがどのように考えられていたかを見ることにしよう。

祭式行為とその効力、そして業

祭式を行うことによって、死後に天界に生まれ変わることを実現する。祭式を中心とするヴェーダの世界観においては、それは確実なものとして信じられていた。「天界に生まれることを望む者は、祭式すべし」というヴェーダの規則は、人の行為を完全に必然化するものとしてはたらいている。つまりこの規則に従って行為する限りは、必ず次の生において天界に生まれることが実現されるのである。そこにはたらくのは、「祭式と布施の効力」という原理である（阪本［後藤］純子「iṣṭā-pūrtá-「祭式と布施の効力」と来世」）。

ヴェーダの祭式は、祭式を執行する祭官（バラモン）と、祭官を雇って（祭官に布施して）祭式の執行を依頼する祭主によってなされるものである。祭官は、祭主のために祭式行為を行うのであるが、死後に天界に行くのはもちろん祭主でなければならない。これを一般的な行為論の文脈におけば、行為主体は祭官だが、行為の結果を受けとるのは祭主ということになる。そのようなことがいったいどうして可能なのか。

そこではたらくのが「祭式と布施の効力」である。祭式行為は、祭主個人のうちに、ある種の実体、潜勢力として蓄積され、祭主の死後に天界において発現し、祭主の天界における状態を決定するとされている。これは機械論的なメカニズムであって、道徳的な観念ではないだろう。（バラモン祭官が都合よく作り上げた理屈のようにも思える。）

要するに、この世で祭式（善いこと）をして効力をため込み、死んだら天界に行く。天界ではその効力が続く限り、そして子孫が祖先供養をして効力を補給してくれる限り、楽しく暮らせる。ため込んだ効力を天界で使い切ったら、またこの世に戻って来て、また祭式をして、死んだらまた天国に行く。

ヴェーダにおいてすでに「輪廻と業」の考え方が生まれていたと言われるが、ヴェーダにおけるその観念は、このような楽天的なものであったようだ。ため込んだ財を使い切った後に、またためるという発想だから、論理的な困難があるわけでもない。道徳的でもないし、自由意志が問題になることもないであろう。行為は、そこでは必然的で義務的なものでしかないようである。

これは、われわれが、『ジャータカ・マーラー』において見たような、複雑で深刻な「業」の観念とは、全く別のものであろう。先に見た「業」は、確かにヴェーダにおける祭式行為の結果生じた効力と同じように、人間に来世の生存をもたらす実効的な力ではあるが、もっと複雑で悲観的な観念から生み出されたもののように思える。

ヴェーダが人々の生活の中心にあった時代とは異なり、騒乱の世の中ともなれば、この世でどんなに頑張ってみても浮かばれず、塗炭の苦しみを味わいながら、祭式などなすすべもなく、「善い」行為などしたくてもできない者たちが多く出てきたであろう。その者たちの死後はどのようなものか。天界に生まれることができないとすればどうなるのか。あの世など存在しないという答えもあったが、いまよりももっと悪い境遇、餓鬼や地獄の世界で生きざるをえないのではないかと恐れる者も出てこよう。

このような考えが生まれてきたときにこそ、業の原理が新たなものとして成立してくるのではないだろうか。末法の世に悪人正機説が出現するゆえんであろう。

業と新得力と不可見力

こうした状況のなかで、当時成立しつつあった哲学の諸派は、新しく登場してきた業の原理を自分たちの哲学の体系内に取り入れるための議論を盛んに行ったと思われる。「行為（祭式行為を含む）が完了したずっと後に、結果（果報）が生じてくることがどうしてあり得るのか。なぜならそのときには原因である行為はすでに存在しないのであるから。結果が現れてくるまで、どのようにして行為は、その作用力を後に残すのか。」問われたのはこの問題である。

ニヤーヤ派の『正理経』第四章（二世紀に成立）の「結果の考察」を主題とする議論において、この問いは問われているが、おそらく『正理経』以前には問われたことがなかったものである。各派の根本経典を見ても、これに対応する明確な答えはほとんど見当たらない。

しかし、六世紀後半に活躍したウッディヨータカラの『正理評釈』になると、「不可見力」、「ダルマ・アダルマ（功徳・罪過）」、「新得力」を「業」と並べて同義語としているから、この頃にはすでにこの世における行為と来世におけるその結果の出現との関係を説明する「力」に関する概念が出そろっていたことになる。

これらのうち、「不可見力」は、ヴァイシェーシカ派の考え方を特徴づけるもので、第10講で取り上げることになろう。一方、「新得力」は、ミーマーンサー派がよく使う概念である。ヴァイシェーシカ派は、インドの自然哲学を代表する派であり、「不可見力」という概念も、物理的な自然世界を律する因果性の特徴を示すために提示されたものである。一方、「新得力」は、ヴェーダの伝統を受け継ぎ、それを保持することを是としていた正統派のミーマーンサー派が、新しい状況のなかで、自派の祭式行為論を正当化し、「業」の原理との整合性を図るために持ち出した概念である。ウッディヨータカラは、この二つの概念を、自派が説く「功徳・罪過」(道徳的なニュアンスをもつ因果性の要素)と同義的なものとして扱い、等しく「業」として位置づけようとしたものと思われる。

これを見ると、「業」という行為の因果性に関わる新たな原理を、各派がそれぞれの立場に調和させようと試みたことがよくわかる。先に指摘したように、「業」には、因果性と道徳性と超越性という三つの要素が入り込んでいる。これを最も常識的な観点から説明したのがニヤーヤ派であった。ヴァーツヤーヤナ(五世紀)は、『正理注解』において次のように言っている。

「結果=果報の」成就以前には、ちょうど木に果実「がなる場合に見られるの」と同じように、

それ（原因と結果をつなぐ潜勢力）があるであろう。〔『正理経』四・一・四七〕

……これと同様に、行為によっては、功徳・罪過という潜勢力が［アートマン（自己）の内に］生み出される。この生み出された［潜勢力］が、別の機縁に補助されて、［行為がなされたのとは］別のときに、結果＝果報を成就させることになるというのが、この「経」の意味である。また次のように言われている。「それ（身体）の［来世での］生起は、［この世で］以前になされた［行為］の結果（功徳・罪過）の必然的な作用に基づいてある」と。

（『正理注解』）

このヴァーツヤーヤナの論述は、「業」を説明する場合に一般的に示される基本の論述である。自然主義的なヴァイシェーシカ派のプラシャスタパーダ（六世紀）は、物理的な自然世界ではたらく眼に見えない力としての「不可見力」が、行為の結果としてアートマン（行為の主体）にそなわるとすることによって、それを因果応報の道徳的世界にはたらく力として統一的に見ようとした。一方、ミーマーンサー派のクマーリラ（七世紀）も、もともとは、祭式行為によって生み出され、祭式の内に現実化する力であった「新得力」を、祭主という個人の内に実現する潜勢力とすることによって、この世と来世（天界）とを結びつける「力」をそこに認めようとしたのであった。

原因と結果、この世とあの世をつなぐ媒体として、アートマン（個人）にそなわった潜勢力を、共に想定した両派であるが、実は大きく異なる点があった。ヴァイシェーシカ派（そしてニヤーヤ派）は、イーシュヴァラの存在を認める立場にあったので、業のはたらきが機械的なものであっても、そこには神の精神的な力のはたらきかけ（恩寵）があることを強く主張するものであった。

他方、ミーマーンサー派は、ヴェーダが絶対の存在——ヴェーダは何者によっても、人によっても神によっても、作られたものではない永遠不滅の存在——と主張するから、イーシュヴァラの存在を決して認めることはなく、業（新得力）のはたらきに神のはたらきが介入することを断固として否定したのであった。

第6講

現象と存在
——シャンカラの思想

ヴェーダーンタ哲学の根本／『ブラフマ・スートラ』／ブラフマンと現象界の諸事物は「非別異」／シャンカラの不二一元説——世界は虚妄である／「最高位のブラフマン」とイーシュヴァラ／ブラフマンによる現象界の創造／イーシュヴァラと個我／未顕現と顕現

ヴェーダーンタ哲学の根本

ウッダーラカ・アールニが語った根源的一者と現象界の多様な事物との関係について、第3講の冒頭で、次のような図式を示した。

(一) 根源的一者から多様な事物が産出される[増殖説]
(二) 根源的一者によって多様な事物が作り出される[創作説]
(三) 根源的一者が変容して多様な事物(実在)が実際に現れてくる[開展(転変)説]
(四) 根源的一者が変容して多様な事物(非実在)が幻影的に現れてくる[仮現説]

あらためて眺めてみると、ここには二つの関係が見てとれる。ひとつは、根源(原因)と多様な事物(結果)との間の因果関係である。もうひとつは、一と多という関係である。それは、一般者と個物、あるいは普遍と特殊の関係と言い換えることができる。

ウッダーラカは、世界の成り立ちを、根源的一者ブラフマンからの現象界の多様な事物への変容として、因果的に説明する一方で、壺などのすべての「土から作られたもの」(個物、特殊)が、「土であること」(一般、普遍)を本質として存在しているという喩えを提示して、一と多の関係を、一般(普遍)と個物(特殊)の関係によって、示したのであった。

しかし、これまでもしばしばふれてきたように、現象界の多様な事物が、一者ブラフマンから、あるいはブラフマンによって、どのようにして作り出されるのかについては、ウッダーラカの説は曖昧なままであった。「私は多くなろう、私は増殖しよう」と思慮して、熱と水と食物を生み出したと、神話的に語ることもあれば、「言葉による把捉である」と非常に抽象的にも語られている。

ここから、世界を成り立たせている根源的一者と現象界の多者との関係をどう、より合理的に説明するかという問題が、インド哲学を貫く最も重要な主題となったのである。

第４講で見たように、サーンキヤ派は、精神原理(プルシャ)と物質原理(プラクリティ)を区別して、二元論を立て、現象界は物質原理から「転変(パリナーマ)」したものであると主張した。サーンキヤ派の考えのもとにあるのは、物質である現象界は、精神的なプルシャ(ブラフマン)とは性質を異にするものであるから、プルシャ(ブラフマン)がこの世界の直接の原因となることはできない、ということであっただろう。

これに対し、この二元論を否定し、「ブラフマンは、この世界の動力因であり、かつ質料因

（プラクリティ、物質的な根本原因）でもある」と、明確に一元論を主張したのがヴェーダーンタ派である。

この主張は、一見したところ、サーンキヤ派の説を否定して、ウッダーラカの説に戻っただけのように思えるかもしれない。実際、先にもふれたようにヴェーダーンタ派は、その名の通り、自分たちが「ヴェーダの終わり（アンタ）」に位置することを標榜し、ヴェーダの伝統を受け継ぎウパニシャッドの思想を重んじる者たちであったから、そのように見えても不思議ではない。

しかし、すでにヴェーダやウパニシャッドの思想が素朴に受け入れられた時代は終わっている。ヴェーダーンタ派の思想家たちに課せられたのは、ウパニシャッドの思想を受け継ぎながらも、それに精緻な解釈を加え、論理的な整合性をもった哲学の体系を作り上げることであった。

『ブラフマ・スートラ』

ヴェーダーンタ派の開祖はバーダラーヤナ（前一世紀頃）である。ヴェーダ聖典群は一般に、「祭事部」と「知識部」とに大別される。祭事部は、ヴェーダ祭式の執行に関する諸規程を述べる部分で、ヴェーダの本集とブラーフマナの文献群がこれにあたる。そして、それについての解釈学的な学問を行っていたのが、ミーマーンサー派の者たちであった。

一方、知識部にあたるのがウパニシャッドの文献群で、それについての哲学的な考察を行っていたのが、ヴェーダーンタ派の者たちである。バーダラーヤナは、ヴェーダーンタの思想家たちのなかで、特にブラフマンと現象界の関係について多くの教説を残した。その残された学説を中心に、他の者たちの言説も含めて編纂されたのが、根本経典の『ブラフマ・スートラ』である。現在の形になったのは、四〇〇─四五〇年頃のことである。

『ブラフマ・スートラ』は、全四編から成り、各編は四章に分かれている。本文は、極端に簡略化された短文が番号順に並んでいる。それらの短文は、主題の提示、概念の定義、学説の主張、論証や反論など、各種の言明を表すもので、このような文体は「スートラ体」と呼ばれている。ユークリッドの『原論』、スピノザの『エチカ』、ウィトゲンシュタインの『論理哲学論考』のような形式の本を思い浮かべてもらうとよい。本書では、このスートラ体の短文を「定句」と呼ぶことにする。

各章に収められている定句は、伝承によって文句が若干異なっており、章ごとの定句の数も一定しないが、総数はおおよそ五五〇である。「さてこれよりブラフマンの探求」(一・一・一)という定句ではじまる第一編では、ウパニシャッドに述べられているブラフマンについての考察がなされ、合わせてサーンキヤ派の説が批判されている。

第二編の前半の二章では、サーンキヤ派、ヴァイシェーシカ派、仏教、ジャイナ教、さらにはパーシュパタ派（シヴァ教）やバーガヴァタ派（ヴィシュヌ教）に至るまでの他派の説に対する論難がなされる。第二編の第三章では、ウパニシャッドに述べられる世界の開展とアートマン（個我）の問題が扱われ、続く第四章から第三編の第一章にかけては、輪廻の問題が論じられている。その後の第三編第二章から第四編の第一章にかけては、アートマンとブラフマンの合一に関連して、念想法や修道論が述べられる。そして、最後の第四編第二章から第四章で、死と解脱の問題が扱われている。

このように、『ブラフマ・スートラ』は、当時の思想界で問題となっていた事柄を、同時代の諸派の思想家を相手にして、ウパニシャッドの叙述に基づきながら論じようとしたものと言うことができるだろう。示されている定句はきわめて簡潔なものであり、それだけでは明確な意味がとれないものが多い。

各派の根本経典に収められた定句は、いずれも同様の特徴をもっている。これは、定句が記憶用の短い文句であり、師による説明や解釈を必ず伴うものであったからであろう。逆に言えば、定句が簡潔であったからこそ、個々の思想家による解釈の余地がそこに残されたのである。

実際、この『ブラフマ・スートラ』にも多くの注釈書が残されており、ブラフマンが唯一の実在であるとする点では、この派の思想家の誰もが一致するが、ブラフマンと現象界との関係については、それぞれ独自の思想を主張するのである。したがって、彼らの注釈の歴史こそが、ヴェーダーンタ哲学の展開過程を示すものとなっていると言えるであろう。本講では、第1講に見たウッダーラカの言葉に関連する定句を取り上げ、それに対するヴェーダーンタの思想家たちの注釈を見ることにしよう。

ブラフマンと現象界の諸事物は「非別異」

ここで取り上げるのは、次の定句である。

両者には非別異性がある。「把捉」という語などがあるから。

（『ブラフマ・スートラ』二・一・一四）

定句を忠実に訳せばこうなる。見ての通り、きわめて簡潔である。しかし、これだけからでも色々とわかることはある。「両者」というのは、文脈から言えば、「ブラフマン」と「現象界［の諸事物］」のふたつを指していることははっきりしている。諸注釈も、「原因」としての「ブラフマン」と、「結果」としての「現象界」と理解することで一致している。

「非別異性（アン・アンヤトゥヴァ）」とは、字義通りには「別のものでないこと」を意味するが、これをどう解釈するかの問題こそが、ヴェーダーンタ派に属する思想家たちが議論したことであった。また、「把捉」については、われわれはウッダーラカの説として「言葉による把捉」という表現にすでに出会っているから、その考えに関連していることはわかるだろう。

もうひとつ重要なことは、この文が、論証式の形式をとっていることである。もう少しわかりやすく翻訳すると、この文は、「(主張) ブラフマン(原因)と現象界［の諸事物］(結果)は、非別異である。(理由一) なぜなら、「把捉」という語などがあるから」ということになる。これが論証の形式になっていることは、これに続く一連の定句を見てもわかる。

(理由二) また、［原因／結果の］存在があるときには、［結果／原因の存在の］認識があるのだから。(同二・一・一五)

(理由三) また、後続するもの(結果)は、［先行する原因のうちに］存在しているのだから。(同二・一・一六)

このように、主張に対する論理的な理由がいくつか続いて述べられる。このうち、定句一五(理由二)の言明は、それが因果関係を示すものであれば、「原因があるときには結果があるから」というように理解できるだろうし、それが論理的な関係を示しているのであれば、「結果があるときには原因があるから」ということになるであろう。実際、いずれの解釈をとるかは注釈者によって異なっている。また定句一六（理由三）は、第４講においてサーンキヤ派の思想を扱ったときに見た「因中有果論」に他ならない。

つまり、ヴェーダーンタ派は、因中有果論の立場に立つことにおいてはサーンキヤ派と同じであるが、一元論の立場に立つことにおいてサーンキヤ派と異なるのである。この因中有果論に関連する理由句がさらに二つ続いた後で、『ブラフマ・スートラ』は、この項の最初に取り上げた定句の最初の主張が成り立つ具体例を二つ挙げている。

（喩例一）そして、布のように。（同二・一・一九）

（喩例二）そして、息などのように。（同二・一・二〇）

「布のように」とは、糸と「非別異」である布のように、ということである。糸を織り上げたものが布であるから、糸は原因であり、布が結果である。あるいは、糸は部分であり、布は全体であるとも言える。また、「息などのように」とは、人間の体内を循環する息が、それとは非別異であるのに「呼気」とか「吸気」とかといった個別の名称で現れてくるように、ということである。これを、インド論理学の一般的な論証式の形にまとめれば、たとえば次のようになるだろう。

(主張) ブラフマン(原因)と現象界の諸事物(結果)は、非別異である。
(理由) 結果は、原因のうちに存在しているのだから。
(喩例) 原因のうちに存在している結果は、原因とは非別異である。布のように。
(適用) いま、現象界の諸事物は、原因であるブラフマンのうちに存在している。
(結論) ゆえに、現象界の諸事物は、原因であるブラフマンと非別異である。

これを見ればわかるように、ブラフマンと現象界の諸事物とが非別異であるという考え方の前提には、やはり「因中有果論」があるのである。「ブラフマンは唯一の絶対的な実在である」という前提と、「原因のなかにすでに結果は存在している」という考え方に基づいて、「非別異」とされる根源的一者と現象界の多様な事物との関係をどのように説明するのか。これがヴェーダーンタ派の思想家に課せられた課題であったと言えるであろう。

「非別異」という概念は、伝統的には「不可分」と同じ概念であって、「二つのものがあるとき、一方の存在を離れては他方も存在しない」という関係を言うものである。原因と結果、部分と全体、普遍と特殊、実体と属性、実体と運動の間に成立する関係として従来考えられてきたものであった。これを、ブラフマンと現象界との間に成立する関係として定義したのが、『ブラフマ・スートラ』である。

そこで後に続く思想家たちは、この「非別異」が意味するところをめぐって議論することになったのである。ブラフマンと現象界とは、「不二一元」であるとシャンカラ（八世紀前半）は説き、「不一不異」であるとバースカラ（八世紀後半）は説いた。また、ラーマーヌジャ（一一世紀後半―一二世紀前半）は、限定的一元説を唱え、マドヴァ（一三世紀）は、二元説を唱えた。他にも多くの思想家がいる。本講では主に、シャンカラの思想を見ることにしよう。

シャンカラの不二一元説――世界は虚妄である

『ブラフマ・スートラ』に対する注釈で現存最古は、シャンカラによるものである。シャンカラ以前にもヴェーダーンタ学者として十数名が知られており、なかには、『ブラフマ・スートラ』に対する注釈を書いた者もいたのだが、それらは現存しておらず、伝わるのは断片のみである。

シャンカラは、伝統的な説に対する批判を通じて自分の説を主張した革新者であって、伝統的な説はむしろ次講に見るバースカラの主張のうちに残されていることが多い。したがって、シャンカラの説を最初に見ることは、思想史の展開過程としては順序が逆になるのであるが、新たな解釈を加えてでもウパニシャッド以来のブラフマン観に首尾一貫性をもたせようとした彼の思想の特徴を見ることによって、本講の主題をかえってはっきりととらえることができるようになるだろう(以下の翻訳では、シャンカラの革新性を示す箇所を太字にしている)。

シャンカラは、まず注釈の冒頭で、サーンキヤ派が認めるような精神(経験の主体)と物質(経験の対象)という二元論的な区別を、「世俗的」な実在のレベルにおいてはありうる事実として認めた上で、次のように明言する。

> しかしこのような区別は、**絶対的な実在のレベルにおいては**、存在しない。なぜなら、結果と原因の両者は、非別異であることが理解されるからである。結果とは、虚空などから構成されている多様な現象界のことであり、原因とは、最高位のブラフマンのことである。結果は、その原因とは、**絶対的な実在のレベルにおいては**非別異である、つまり、**結果(多様な現象界)は原因**(最高位のブラフマン)**を離れては存在しない**と理解されるのである。
>
> (『ブラフマ・スートラ』二・一・一四に対するシャンカラ注)

さらに、シャンカラは、われわれにとっておなじみの「言葉による把捉」という語を含む『チャーンドーギヤ・ウパニシャッド』第六章の一節「息子よ。たとえば、すべての土から作られているものは、ひとつの土のかたまりによって、知られたことになるであろう。変容は、言葉による把捉であり、名づけである。「土である」ということだけが真実である」を引用した上で、その趣旨を説明して、次のように言っている。

ひとつの土のかたまりが、**絶対的な実在のレベルにおいて**、土を本質とするものとして知られるならば、そのことによって、壺や皿や釣瓶などすべての土から作られているものも、土を本質とするという点では異ならないから、知られたことになるであろう。それゆえに、「変容は、言葉による把捉であり、名づけである。」すなわち、壺や皿や釣瓶は変容であって、それらは単に言葉によってのみ「ある」と把捉されているのである。しかしながら、**事実としては、変容と言われるものは何も存在していないのである**。なぜなら、それはただの名づけにすぎないのであって、**虚妄なものである**。「「土である」ということだけが真実である」と言われるのである。これが、ブラフマンについての喩えとして「ウパニシャッドに」伝えられていることである。（同）

「絶対的な実在のレベル」においては、最高位のブラフマンだけが存在し、現象界の諸事物はすべて虚妄である。これが、シャンカラが説いた「不二一元」説である。

「最高位のブラフマン」とイーシュヴァラ

右に見たように、シャンカラは、実在のうちに、世俗的なレベルと絶対的なレベルの区別を導入している。これは、『ブラフマ・スートラ』にも、また他の注釈者たちにも見られない、シャンカラ独自の考え方である。

もちろん、実在（真理）のあり方に二つのレベルを設ける「二真理説」は、たとえば「二諦《にたい》」（真諦《しんたい》と俗諦《ぞくたい》）として仏教思想にも見られるし、シャンカラに先立つ初期のヴェーダーンタの思想家であるバルトリハリ（五世紀）やガウダパーダ（七世紀）にも見られるものであるが、これを二種類のブラフマンの区別として導入したのは、シャンカラ独自の主張である。

彼は、絶対的実在としての「最高位のブラフマン（パラマ・ブラフマン）」と、世俗的実在としての「下位のブラフマン（アパラ・ブラフマン）」とを区別する。前者が、部分をもたず、恒久不変であり、永遠であり、属性をもたないのに対して、後者は、諸々の属性をもつ全知の存在で、これが「イーシュヴァラ（神）」と呼ばれる。このイーシュヴァラが、「名称と形態」に限定されて多様な現象界の姿をとって出現するのだと、シャンカラは考えるのである。次のように彼は言っている。

それ（ブラフマン）であるともそれとは別のものであるとも特定されえない名称と形態とが、全知であるイーシュヴァラの本性であるかのように、無明（アヴィディヤー）によって想定されて、輪廻や多様な現象界の種子（原因）となる。そして、聖典（シュルティとスムリティ）においては、それ（名称と形態）が、「全知であるイーシュヴァラの幻力（マーヤー・シャクティ）」とか、「根本原因（プラクリティ、質料因）」などと、言われているのである。全知であるイーシュヴァラは、その二つ（名称と形態）とは別のものである。（同）

「名称と形態」については、すでに第1講でも見たが、そこでは諸事物の個別的な現れを言うものであった。それがここでは、「無明」とともに、現象界の多様な事物の原因とされ、「それ（ブラフマン）であるともそれとは別であるとも特定されえないもの」という難解な性質を与えられて現れている。

「原因」と言われているのだから、それは世界の創造のときには、つまり結果としての創造が起こる前には、すでに存在してなければならないが、それを、個別化した結果の状態を示す「名称と形態」というのは、何か矛盾しているように思える。

シャンカラは、未顕現の「名称と形態」と、顕現した「名称と形態」という区別を導入し、創造以前には未顕現の「名称と形態」が、原因のうちに、原因とは区別なしに存在していると考えているようだが、この点については、本講の最後にふれることにしよう。

ブラフマンによる現象界の創造

シャンカラが考えていることはかなり複雑である。彼は、諸ウパニシャッドにおいて様々に語られていることの全体を整合的に説明しようと努力しており、そこに論理的な首尾一貫性をもたせようとするのだが、もとのウパニシャッドには、矛盾するような教えが満ちているのだから、大変である。

最高位のブラフマン、すなわち、真のブラフマンは、唯一で、永遠で、不変の実在でなければならない。一方、われわれが日常的に経験する世界は多様である。いかにしてこの多様な現象界が、永遠不変のブラフマンを原因として生まれてくると言えるのか。「因中有果」の原理がそこで前提となっていることはすでに見た通りである。

では、ここで、原因から結果が転変して現れてくるという、サーンキヤ派のような転変説をとることは可能だろうか。その説をとった場合には、そこに二つの難点が出てくるだろう。

（一）もしブラフマンが、全体として転変するのであれば、それは別のものになるということだから、それはブラフマンでなくなってしまう。

（二）もし、ブラフマンが、部分的に転変するのであれば、それは、ブラフマンが部分を持たないということと矛盾する。

そもそも最高位のブラフマンは唯一・絶対・永遠・不変であるのだから、変化などしようがないのである。それでもなお、ブラフマンが原因であり、現象界が結果であると言い、「因中有果」を主張することは、いかにして可能なのか。

そこでまず最高位のブラフマンとは別に（「別に」とは、私がここで説明のために使った語であり、シャンカラなら「無明によって想定されて」というところである。存在として別であるという意味では無論ない）、世界の創造に直接関わる「下位のブラフマン」としての主宰神イーシュヴァラを、シャンカラは置くのである。次のように言われている。

イーシュヴァラは、「無明」（アヴィディヤー）によって作り出された「名称と形態」という偶有的属性（ウパーディ）によって限定されている。（同）

ここに言われている「偶有的属性（ウパーディ）」とは、あるものを偶然的に限定する性質である。

たとえば、ひとつの壺の中にある空間は、それとは別の壺の中にある空間とは別のものとして存在しているし、壺の外にある空間とも別のものとして存在しているように見える。しかし、壺を壊せば、空間にもはや区別はなくなるのである。つまり、空間は、ひとつの不可分のものとして本質的に同じものなのである。空間の区別は、限定がある限りにおいて存続しているだけである。

この喩えは、ガウダパーダが、個我(アートマン)とブラフマンの関係を説明するために使ったものであるが、シャンカラも、多様な現象界のあり方と、それらとブラフマンとの本来的な同一性を説明する喩えとしてしばしば用いている。

つまり、ブラフマンだけが唯一の実在なのであり、多様な姿をとって現れている現象界はすべて虚妄なのである。したがって、現象界として個別の姿をとって現れている「下位のブラフマン」、すなわちイーシュヴァラもまた、仮の存在にすぎないということになるのである。

イーシュヴァラと個我

では、現象界はすべて虚妄であるとして、そのような世界で日常的に行為しているわれわれとブラフマンとの関係は、どのようなものであるのか。

これもまたすでにわれわれは、ウッダーラカの言葉として「おまえはそれである」という文句があることを知っている。日常的にこの世界に生きているわれわれは、無明によって本来の姿を覆われたものである。このような個我を、シャンカラは、「身体(シャリーラ)」とか「生命(ジーヴァ)」という語を用いて即物的に示している。

そして、「おまえはそれである」という言葉は、このような経験的個我が本来的にブラフマンであること、最高位のブラフマンを本質とすることを教示するものであるとするのである。ウパニシャッドに忠実な解釈だと言えるだろう。

ただし、先に見たように、シャンカラは、独自の考えとして、ブラフマンには下位のブラフマンとしてのイーシュヴァラがあると考えていた。このイーシュヴァラと日常的な個我との関係はどのようなものでありうるのか。この点を見ておこう。

イーシュヴァラは、日常的な経験の場では、「生命(ジーヴァ)」と呼ばれる認識(経験)主体としての個我(ヴィジュニャーナ・アートマン)たちを支配している。それらの**日常的な個我たちは**、イーシュヴァラ自身の本性に他ならないのであるが、壺の中の空間に場所を占めているものたち[が限定されているの]と同じように、**無明によって現出せられた名称と形態によって作り出された個々の身体に限定されている**のである。

それゆえ、イーシュヴァラが、「支配者」と言われたり、「全知」と言われたり、「全能」

と言われたりするのは、このように、まさに無明を本性とする偶有的属性によって限定されていることによっているのであって、絶対的なレベルにおいて、明知によってそれ自体からすべての偶有的属性が取り除かれたアートマン（本来の個我でありブラフマンであるもの）に対しては、「支配者である」とか「支配されるべき者である」とか「全知である」といった日常的な言語表現を行うのは適当ではないのである。（同）

つまり、現象界に多様な事物が現れるのも、多くの個我が現れるのも、すべて下位のブラフマンであるイーシュヴァラが、無明によって限定を受けて現れているのだというのが、シャンカラの考えなのである。

しかし、こうなるとサーンキヤ派の二元論の考え方とどこが違うのかということにならないだろうか。最高位のブラフマンは精神原理「プルシャ」であり、現象界の諸事象を一手に引き受けるイーシュヴァラが物質原理「プラクリティ」の位置を占めているだけではないのか。

シャンカラがサーンキヤ派と異なるのは、現象界の諸事象は、絶対的な実在のレベルからすれば、すべて仮の現れ、虚妄であるにすぎないという点だろう。しかしそれは言い換えれば、日常的な世俗の立場に立てば、仮にではあるにせよ、そのような諸事象が現に存在しているということにもなるだろう。

この点を確認するために、先にふれた『ブラフマ・スートラ』二・一・一六と一七、そして、それに対するシャンカラの注を見ておくことにする。

未顕現と顕現

（理由）また、後続するもの（結果）は、［先行する原因のうちに］存在しているのだから。（同二・一・一六）

（反論）［世のはじまりにおいて、世界は］〈ないもの〉［であった］という教示が［ウパニシャッドに］あるのだから、［創造以前に］結果が存在することはない。（答論）そうではない。［創造以前と創造以後では、］性質が異なるのであるから。［またそれを述べるウパニシャッドの］残りの文章に基づいて［、正しい意味が補われるのだから］。（同二・一・一七）

すでにふれた通り、定句一六（理由）は、「因中有果論」を述べるものである。そして、次の一七（反論）は、それに対して、『チャーンドーギヤ・ウパニシャッド』（三・一九・一）などの文章を持ち出して、「世界のはじまりにおいて、世界は〈ないもの〉であった」と言われているのだから、世界のはじまりにおいてすでに結果があったはずはないという反論がありうることを想定し、ヴェーダーンタ派の立場からそれを否定するものである。

先に第1講において、〈ないもの〉と言われるものが、単なる非存在を意味するのではなく、「混沌とした実体」を意味すると理解されていたということを述べたが、まさにそれが「性質が異なる」ということに他ならないだろう。

もっともそれは、ウパニシャッドに拠る限りの解釈であって、シャンカラの考えているところはそれとは違っている。シャンカラは、まず定句一六に対する注において次のように言っている。

それゆえ、［結果の］生起以前に、［結果は原因と］非別異であるから、［結果が］生じた後も結果は原因と必ず非別異であると理解されるのである。また、ブラフマンである原因が、三時の間（過去、現在、未来において、つまりは永遠に）、存在性を逸脱することがないのと同じように、結果である世界もまた、三時の間、存在性を逸脱することはないのである。そして、両者の「存在性」は同じひとつのものである。このことに基づいても、結果は原因とは非別異なのである。（『ブラフマ・スートラ』二・一・一六に対するシャンカラ注）

シャンカラは、ブラフマンと現象界とが非別異であること、つまり「不二一元」であることを、結果の生起以前には、原因としてのブラフマンの存在性と結果としての現象界の存在性が、単一のものとして存在しているということによって、言おうとしているのである。これは、「因中有果」の原理を極限にまで推し進めたものということができるだろう。そして、次の定句一七の注において、次のように言うのである。

「生起以前には結果は存在しない」というこれは、絶対的な意味での非存在〈ないもの〉について言おうとしてのものではない。そうではなくて、未顕現の「名称と形態」という性質は、顕現した「名称と形態」という性質とは別のものであるということを言っているのである。性質が異なっているのだから、生起以前には、この［未顕現の「名称と形態」］は、〈ないもの〉と言われているが、それは、まさに〈あるもの〉である結果が、原因とは非別異なものとしてあるということを言うものなのである。

（『ブラフマ・スートラ』二・一・一七に対するシャンカラ注）

「存在」とは、「名称と形態」が顕現した状態であり、「非存在」とは、それが未顕現の状態にあることだというのが、シャンカラの考えである。サーンキヤの二五原理説では、根本原因は「現れないもの（アヴィヤクタ）」と言われ、そこから転変したものが「現れるもの（ヴィヤクタ）」と言われていたことはすでに述べた。その根本原因に対応するものとして、ここでは

「未顕現(アヴィヤークリタ)の「名称と形態」」が言われているのである。

こうしてみると、シャンカラの考えは、世俗の立場に立つ限り、サーンキヤの考え方と基本的な部分では変わらないということになりそうである。

そして、そこから逆にシャンカラが最も強く主張したかったことが浮かび上がってくるだろう。彼が主張したかったこと、それは、この世界がブラフマンの仮の現れであり、本来的に虚妄であるということであった。

第7講

生成と存在

――「なる」と「ある」の哲学

「ある」ということ／「なる」ということ／シャンカラによる因中無果論批判／バースカラの不一不異説――世界は実在する／哲学者の神と信仰者の神／ラーマーヌジャの被限定者不二一元説――「様態」としての世界／マドヴァの二元説――すべては実在する

「ある」ということ

大乗仏教を代表する思想家のひとりである世親《せしん》（ヴァスバンドゥ。五世紀）は、その著『倶舎《くしゃ》論《ろん》（アビダルマ・コーシャ・バーシュヤ）』の第五章で、サーンキヤ派の初期の思想家であるヴリシャガナ（ヴァールシャガニヤとも）の次のような言葉を引用している。

あるものはある、ないものはない。ないものは生じることがないし、あるものは滅することがない。

これは、「因中有果」の主張である。原因のうちにあらかじめすべての結果は存在している。したがって、そこから新しいものが生まれてくることはなく、変化は決して認められないということの立場は、前回の講義において、ヴェーダーンタ派のシャンカラの主張としても見たところである。そして理の当然として、シャンカラが認めたのが、現象界の一切は虚妄であり非実在であるということであった。しかし、因中有果の立場から演繹されうるのは、本当に、このような否定的な結論だけなのであろうか。

現実の世界に対して、「虚妄である」、「非実在である」という判断を下し、この世界に対して積極的な意味を見出せないままに生きるなどということが、果たして人にはできるのか。たとえこの世界が、事実としては虚妄であるにしても、あるいは無明による世界であっても、別の次元からは何かもっと肯定的な意味を見出しうるのではないか――おそらくそういう発想から、宗教的な救済論が出てくるのであろう。

実際、次のように考えられることもあった。根源的一者は実在である。その実在である一者がこの世界にそのまま立ち現れているのであるから、森羅万象もまた実在であるに違いない、と。

日本仏教の代表的思想家である空海《くうかい》が残した書物には、確かにそのような思想が各所に見られる。たとえば、「常遍《じょうへん》の本仏は、損せず虧《き》せず。……三種世間《さんじゅせけん》は、皆是《みなこ》れ仏体《ぶったい》なり。四種曼《ししゅまん》茶《だ》は、即《すなわ》ち是れ真仏《しんぶつ》なり。」――永遠で遍在する本源の一仏（大日如来）は、損なったり欠けたりという変化をこうむることがない。……この世界はすべて一仏のからだであり、森羅万象はそのまま一仏そのものである（『吽字義《うんじぎ》』）。

また、「刹塵《せつじん》の渤駄《ぼっだ》は吾が心の仏なり、海滴《かいてき》の金蓮《こんれん》はまた我が身なり。一一の字門、万像を含み、一一の刀金《とうこん》、みな、神力《じんりき》を現ず。」――世界に現れてくる無数の諸仏は、すべて私の心の中にいる一仏(大日如来)に他ならない。おびただしい数の金剛部と華厳部の諸尊も、また私自身のからだである。ひとつひとつの阿字などの字門には、万象が含まれ、ひとつひとつの法具はどれも神力を現す(『秘蔵宝鑰《ひぞうほうやく》』「第十秘密荘厳心」)と言われている。そういえば、シャンカラもまた、「明知」によってこの世界から「偶有的属性」が取り除かれたときに、自己も世界もすべてが本来のブラフマンとひとつになると言っていたのであった。

しかし、これは宗教的な境地としての最高の到達点である。確かにヒンドゥー教の展開を見れば、そのような地平へと向かっていくのであるが、哲学的な思考の展開を追っている本書としては、その境地へと一挙に入り込んでしまうのではなくて、そのような到達点に至るまでの、もう少し日常的な考え方をまずは追うことにしたい。

「なる」ということ

そこでもう一度、『倶舎論』に戻ろう。『倶舎論』は、初期の仏教部派である説一切有部《せついっさいうぶ》の思想を批判した世親の書であるが、その第五章で、彼は、説一切有部の「三世実有説《さんぜじつうせつ》」を批判している。三世実有説とは、「存在するものは、過去・現在・未来の三時にわたって実在している」という主張である。つまり、ものには永遠の実在性があるという考えである。

「永遠なものは、変化しない」ということを、すでにわれわれは、十分な論理的帰結として認めているはずである。したがって、ならばどうしてそのような永遠の実在について、過去(すでに滅したもの)、現在(現にあるもの)、未来(まだ生じていないもの)という区別、つまり変化があるのかという問いが、「三世実有説」に対してなされうることも十分予測できるであろう。世親もここでまさにそれを問題としている。

そこで、それに答える説として、四大論師の説が紹介されるのである。そのうちの第一の論師、法救(ダルマトラータ)は、次のように答えたとされている。

[過去・現在・未来の三]時において、存在しているもの(ダルマ)には、あり方(バーヴァ)の違いはあっても、それ自体(ドラヴィヤ)の違いはない。それはちょうど、金の皿が壊されて別のものに作りかえられたとしても、それに様態(サンスターナ)の違いが生じただけで、[それ自体の]色の違いはないのと同じである。また、ちょうど、牛乳が、ヨーグルトとして変化しているときには、[牛乳としての]味・効能・発酵度を捨てるが、[それ自体の]色を捨てることがないのと同じである。そのように、存在しているものもまた、未来時から現在時に移行しているときに、未来の[まだ生じていないという]あり方を捨てるが、それ自体のあり方を捨てることはないのである。また、同様に、現在時から過去時に移行しているときに、現在の[現にあるという]あり方を捨てるが、それ自体のあり方を捨てる

ことはないのである。（『倶舎論』第五章）

実体は不変であるが、「様態」つまり「あり方」が変化するのである。たとえば「金の皿が、金の指輪になる」ということは、金という実体においては変化することなく、その「あり方」が皿から指輪へと変化するだけである、という説である。

これを見て、われわれはすぐに、ここまでにも何度もふれてきたウッダーラカ・アールニの教示を思い出すであろう。あるいは、前回の講義で見たように、シャンカラもまた、ウッダーラカの説を受けて、壺や皿や釣瓶は変容であって、「土である」ということだけが真実であると認めていたのであった。

『倶舎論』では、世親は、この法救の説に対して、これは、「転変（パリナーマ）」を説く者の説であって、「サーンキヤ派に入れられるべきである」とだけ言って、あたかも切って捨てたかのようであるが、実は、ここに見られる喩えは、シャンカラにも見られ、また他のヴェーダーンタ派の思想家の議論にも見られるものであって、「なる」ことをめぐってのヴェーダーンタにおける思想展開を考えるにあたっても重要なものである。そこで、シャンカラがどのようにこれを論じているかを見てみよう。

シャンカラによる因中無果論批判

『ブラフマ・スートラ』二・一・一八は、「［結果である現象界は、原因であるブラフマンと非別異であると、先に言われた。このことは、］道理によっても、また、別の聖典の言葉によっても［理解される］」と言う。原因と結果とが「非別異」であることに関して、前回の講義に見たような論証とは別に、さらに「道理」と「聖典の言葉」とを論拠に挙げるのであるが、この「道理」の説明において、シャンカラは、牛乳、土、金の喩えを用いている。

ヨーグルト、壺、金の指輪などを作りたいと思った人々によっては、それぞれに定まった原因である牛乳、土、金などが原料として用いられることが、世間では実際に経験されている。実際、ヨーグルトを作りたいと思った人々によって土が原料として用いられることはないし、壺を作りたいと思った人々によって牛乳が原料として用いられることもない。こういうこと（ヨーグルトが牛乳から作られるということ）は、因中無果論にもとづいてはありえないのである。なぜなら、生起する以前のもの（結果）がすべて、無限定に、［原因の］どこにも存在しないのであれば、いったいどうして牛乳だけからヨーグルトが生じ、土からではないのか。また、土だけから壺は生じ、牛乳からではないのか。

（『ブラフマ・スートラ』二・一・一八に対するシャンカラ注）

その生起以前に結果が原因のうちに存在することはないという、因中無果論《いんちゅうむかろん》を主張したのは、主としてヴァイシェーシカ派であった。シャンカラは、ここでこのヴァイシェーシカ派の考え方を批判しているのである。そして、右のような批判に対する再反論を想定した上で、シャンカラは次のようにも言う。

（ヴァイシェーシカ派の反論）［結果の］生起以前の非存在の状態においては無限定であっても、牛乳にだけ、ヨーグルトになる何らかの特性が存在しているのであって、土には存在しないのである。また、土にだけ、壺になる何らかの特性が存在しているのであって、牛乳には存在しないのである。
（シャンカラの主張）実に、［あなた方が言う通りであるならば、］［結果の］生起以前の状態［、すなわち原因］こそが、特性をもっているのであるから、因中無果論は放棄され、因中有果論が成立するということになる。（同）

金と金の指輪、牛乳とヨーグルトの喩えを用いて、原因と結果の関係を論じる議論について、ここまでのところをまとめてみよう。世親は、この喩えを、サーンキヤ派の因中有果論を述べるものとした。シャンカラは、この喩えを用いて、ヴァイシェーシカ派の因中無果論を批判した。シャンカラは、前回の講義においても見たように、因中有果論を前提にして、原因(ブラフマン)と結果(現象界)の関係を、「非別異」であるとした。

ところで、世親は、この喩えをつかったサーンキヤ派の因中有果論について、「これは、「転変」を説く者の説」であるとも言っていた。

転変説とは、実在が、その本質を失うことなく、つまり実在としての自己同一性を保持しつつ、変化することを主張するものである。サーンキヤ派の因中有果論は、確かに転変説であったから、世親の指摘はその通りである。

一方、シャンカラにとっては、原因としてのブラフマンは、永遠不変の実在であるから、それが変化するなどということは、決して認められるものではないということは、前回の講義で見た。つまり、シャンカラにとっては、原則的に、サーンキヤ派のような転変説は認められないはずなのである。だからこそ、彼は、現象界をブラフマンの仮の現れだとし、本来的に虚妄であると主張した。

そうであるとすると、目下の議論でも、シャンカラは、因中有果論を擁護し、ヴァイシェーシカ派の因中無果論を批判するために、金や牛乳の喩えを用いてはいるが、「ブラフマンが現象界へと変化する」という意味での転変説をそのまま認めているわけではないということは確認しておかなければならないであろう。

その一方で、ヴェーダーンタ派のなかには、逆に転変説を認めて、現象界もまた実在であると主張し、シャンカラがこの世界を虚妄としたことに対して、それを強く批判した思想家たちがいたのである。次にその者たちの思想を見ることにしよう。

バースカラの不一不異説――世界は実在する

バースカラもまた、『ブラフマ・スートラ』に注釈を書いたが、彼はそのなかで、シャンカラのことを、「仏教の考え方に依拠した仮現(マーヤー)論者」と呼んで、徹底的に批判している。バースカラは、原因であるブラフマンと結果である現象界との関係は、「不一不異(ベーダ・アベーダ)」であると主張したが、それは、次の詩節に端的に示されている。

結果であることによって多(不一)であり、原因であることによって一(不異)である。ちょうど、金であることによって一(不異)であり、金の指輪などであることによって多(不一)であるように。

(『ブラフマ・スートラ』一・一・四に対するバースカラ注)

あるいはまた、次のようにも言っている。

しかしいったいどうして、部分をもたない、虚空のようなもの［であるパラマートマン＝ブラフマン］に転変があるのかと問うのならば、それに対して次のように答えられる。牛乳がそうであるのと同様に、［それ（ブラフマン）は、］転変を自性とするから、そして、全知であり全能であるから、「それ自身の意志によって、自分自身を、変化させる」と言われうるのであるから。

（『ブラフマ・スートラ』二・一・一四に対するバースカラ注）

これらを見てわかるように、バースカラは、明らかに転変説を唱え、それを説明するための喩えとして、金や牛乳を使っているのである。「それ自身の意志によって、自分自身を、変化させる」という論述には、ウッダーラカの説の反響を聞き取ることができるだろう。あるいは、より直接的には、「それは、自分自身を、自分で作った」という『タイッティリーヤ・ウパニシャッド』（二・七）の言葉を指しているのかもしれない。

ともあれ、ここで重要なのは、右の訳文では明確には言われていないので補って訳したが、バースカラは、「全知全能のパラマートマン（最高位の自己）が、世界の創造と維持と破壊の原因である」と常に言っていることである。そして、彼は、この「パラマートマン」と「イーシュヴァラ（主宰神）」と「ブラフマン」を、同じ神を表す名称として使うのである。

イーシュヴァラを世俗的なものとして下位においたシャンカラとは、この点においても異なっているが、バースカラにおいては、ブラフマンは、人格神的な色彩が強くなっているように思える。彼は、ものにそなわっている力は人知でははかりがたいとした上で、次のように言っている。

ましてや、全知で、全能で、自律的で、聖典によってしか知られえない、世界の原因である精神(ブラフマン)の転変が、いったいどうして特定されうるであろうか。実に、そのものは、自分自身の意志によって、自分自身を、世界の利益のために、常に転変させつつ、自分自身の力にしたがって、転変させるのである。（同）

永遠不変のブラフマンが原因となって、実在としてのこの世界を作り出すというのは、全知全能の神なればこそのなせるわざであって、それを人間の理屈によって虚妄であるなどというのはとんでもないことだ、というわけである。バースカラは、シャンカラ以前のヴェーダーンタ派の伝統的な考え方であった「不一不異」説を引き受けて、それに基づいてシャンカラの革新的な説を批判しているように見える。

しかし、その実、両者の論述を見比べてみると、バースカラの論述は、シャンカラの思考を、その論理性においても精密性においても超えることはなく、その批判は何か常識的なレベルに止まっているかのように思える。

だがその一方で、バースカラの言う神は、シャンカラが考えるような人間とは隔絶した絶対的なブラフマンではなく、「世界の利益のために」、つまりは世間の人々のために、人間と強く結びついた神として現れてきていることに注意しなければならない。このようにあらためて人格神との関係を強めたヴェーダーンタ哲学は、ラーマーヌジャによってさらに展開されることになるのである。

哲学者の神と信仰者の神

一七世紀フランスの哲学者パスカルは、自らの回心を書きとめた「覚書」（一六五四年一一月二三日月曜日の日付をもつメモ）の中で、「アブラハムの神、ヤコブの神、イサクの神」と「哲学者、賢者の神」を対立させ、パスカル自身が選びとるのは、「アブラハムの神、ヤコブの神、イサクの神」であって、後者ではないと宣言している。

パスカルが言うところの「哲学者の神」とは、われわれがこれまで見てきた根源的一者、形而上学的な実在にあたるもののことである。これに対して、「アブラハム、ヤコブ、イサクの神」と言われているのは、いわば「信仰者の神」である。ここに言われているのは、非人格的な神と人格的な神の区別と言ってもよいだろう。

これを、目下の文脈において言い換えるならば、「哲学者の神」とは、シャンカラが考える根源的な原理としてのブラフマンであり、一方の「信仰者の神」とは、バースカラの思想のうちに顔をのぞかせた、より人格神としての色彩を強く帯びたブラフマン＝イーシュヴァラにあたると言えるだろう。そしてこの「信仰者の神」を、本格的にヴェーダーンタ派の思想のなかに登場させたのが、ラーマーヌジャに他ならない。

この講義は、「インド哲学」を扱うものであるから、これまで哲学的な観点から思想の流れを見てきた。「神」についても、もっぱら根源的一者としてのブラフマンを扱い、それと現象界との関係がいかなるものとしてとらえられたかという問題関心から、これを論じてきた。しかし、「神」については、これをインド宗教史、あるいはヒンドゥー教史から見ると、全く別の側面が見られることは言うまでもない。

たとえば、目下のラーマーヌジャについて言えば、彼はヴィシュヌ教の信者であった。ヴィシュヌ教というのは、ヴィシュヌというヴェーダ以来の神を信仰するヒンドゥー教の一大宗派である。宗教詩『バガヴァッド・ギーター』は、今日ではキリスト教の聖書に匹敵するヒンドゥー教の聖典とされているが、もとは、クリシュナ＝ヴァースデーヴァを神として崇拝する一宗派の聖典であった。それがヴィシュヌ信仰に取り込まれて、一世紀頃にヴィシュヌ教の聖典として成立したものである。あるいは、パンチャラートラ派によって崇拝されていたナーラーヤナ神も、ヴィシュヌ神と一体化されている。

こうして時代を経て展開していったヴィシュヌ教は、六世紀後半には、南インドにも広がっていた。そこでは、「アールヴァール（見神に没入する者）」と呼ばれる宗教詩人たちが、ヴィシュヌ神をタミル語の詩で讃えたが、その詩は、ヴィシュヌ神をあたかも生身の人間として愛し喜ぶかのごときものであった。そして、一〇世紀になるとシュリー・ヴァイシュナヴァ派というヴィシュヌ教の一派がナータムニによって創始されるのである。その派の二代目がヤームナ、そして三代目がラーマーヌジャである。

宗教集団としてのこの派の中心にあるのは、そのもとになったアールヴァールたちの宗教運動がそうであったように、現実の世界で生きる個人の感情をもとにした神への愛であり、信仰であった。ラーマーヌジャはこの派における最大の宗教者である。そして、その彼が同時にヴェーダーンタ哲学を学んだ思想家でもあったのである。

われわれはこれまでの講義で、もっぱら原理的な論理展開として、根源的一者（ブラフマン）と現象界との関係を考える思想を見てきた。言ってみれば「上から目線」の哲学である。しかし、このラーマーヌジャに至って、全くベクトルが逆の方向に向かう思想にわれわれは出会っているのである。

ヴィシュヌ教徒であるラーマーヌジャにとっては、この世界における個人と神との人格的な交わりがまず先にある。この世界を創造した神（ヴィシュヌ＝ナーラーヤナ）の実在性は無論のこと、その神によって創造された個人と現実世界の実在性も、疑いようのないものであった。その一方で、ヴェーダーンタ学徒としての彼に課せられたのが、この多様な現実世界と個人の実在性を認めた上で、いかにしてブラフマン＝ヴィシュヌの一元性を説明するかという問題であった。

ラーマーヌジャの被限定者不二一元説――「様態」としての世界

そこでラーマーヌジャは、限定的な一元論を説いた。それは、「被限定者不二一元（ヴィシシュタ・アドヴァイタ）」説と呼ばれている。字義通りに言い換えると、「限定された者（ヴィシシュタ）」が「不二一元（アドヴァイタ）」であることの主張である。ここで、「限定された者」とは誰のことであろうか。何が何によって限定されているのか。

ラーマーヌジャにもまた、『ブラフマ・スートラ』に対する注釈書『聖注（シュリー・バーシュヤ）』があるが、これに先だって、初期の著作として『ヴェーダの要義（ヴェーダ・アルタ・サングラハ）』を残している。そこには、彼の被限定者不二一元説が、諸ウパニシャッドや、『バガヴァッド・ギーター』、『ヴィシュヌ・プラーナ』、そして『ブラフマ・スートラ』の言葉を随所に引用しながら論述されている。そこではたとえば次のように言われている。

ブラフマンは、すべてのものの内的本質であると理解されるから、そして、精神性を本性とする個我（アートマン）も非精神性を本性とするすべての物質も、それ（ブラフマン）の身体であると理解されるから、そして身体は、身体をもつ者に対する他ならぬ様態として存在するものであるから、そしてまた、身体と身体をもつ者とは、別の性質をもつものであっても、互いに混じり合うことはないから、「ブラフマンは、一切をその身体とする」と言われるのである。（『ヴェーダの要義』六五節）

つまり、「限定された者」とは、ブラフマンに他ならない。ブラフマンは、個我と世界の諸事物を身体とし、その身体によって限定された者として存在しているというのが、ラーマーヌジャの考えたことであった。彼は、これを次のように説明している。

「ブラフマンは、これこれ［の様態］として存在している」と言われる場合、「これこれ」という語によって表される［ブラフマンの］様態としてのみ、多種多様な精神的な、また非精神的な、粗大な現象や微細な現象は、存在しているのである。そして、「私は多くなろう、私は増殖しよう」という［ウパニシャッドの］言葉の意味も、［このようにブラフマンの多様な様態を言うものとして理解することで、］完全なものとなるのである。他ならぬそのイーシュヴァラ（神）の結果としてあるいは原因として、つまり、様々な様態をとって存在する［イーシュヴァラの］様態として、精神的な存在物（個我）も非精神的な存在物（諸物質）も存在しているのである。

（同六六節）

精神的な個我も、物質的なこの世界の諸事物も、すべてブラフマンの「様態」つまり身体である。こう言われてしまうと、「すべてはブラフマンの仮の現れである」と言ったシャンカラとどこが違うのかと、われわれは思ってしまいそうだが、ラーマーヌジャには、ブラフマンの身体として存在するものの実在性が疑いもなく実感されていたということであろう。

ところで、本講のテーマは、「なる」ということであった。現象界が実在であることを保証するために、原因である実在のブラフマンが現象界へと転変（変化）するということを、牛乳からヨーグルトができるという喩えを用いて説明する、その問題を見てきたのであった。

そこで、ラーマーヌジャでは、これはどのように扱われているかということになるが、『ヴェーダの要義』にも『聖注』にも、この喩えが出てこないのである。『聖注』は長編であって、そのすべてを精読したわけではないから、絶対にないかと言われると困るが、シャンカラやバースカラの注釈でこの喩えが使われていた『ブラフマ・スートラ』の該当箇所には、少なくとも出てこない。

おそらく、ラーマーヌジャは、因果的な変化も「様態」の変化にすぎないと見ていたのであろう。『聖注』には、次のように言われている。

ブラフマンが、結果としての様態に入り込んだ場合でも、本性が別の状態になることはないのだから、[ブラフマンが]変化をこうむらないということは、全く正しいのである。……別の様態になることが、結果であるということである。

（『ブラフマ・スートラ』一・一・一に対する『聖注』）

マドヴァの二元説——すべては実在する

本講の最後に、ラーマーヌジャと同じく南インドに生まれ、ヴィシュヌ教徒であったマドヴァ（一三世紀）のヴェーダーンタ思想を見ておきたい。彼もまた、『ブラフマ・スートラ』への注釈の他に、ウパニシャッドや『バガヴァッド・ギーター』の注釈などを残している。

シャンカラにおいては、完全に不二一元であったブラフマンと現象界の関係は、ラーマーヌジャに至って、個別の実在性を認められることになったが、それでも両者の一体性は保たれていた。とはいえ、両方に実在性を認めるということは、たとえそこに次元の差があるとしても、両者が別個の実在性をもつということにつながるであろう。そしてこの方向をさらに推し進めたのがマドヴァであった。

マドヴァの説は、「二元(ドヴァイタ・ヴァーダ)」説と呼ばれるが、それは彼が、精神的な個我と物質的なこの世界の諸事物が、ブラフマン(神)と同じレベルで、実在であり、永遠不滅であると主張したからである。そして、実際のところ個我も事物も多数あるのだから、これを「多元説」と呼んでもよいだろう。マドヴァは、この多様な個我と世界の事物の区別にこそ、実在性があると考えていた。

この多様な現象界には、五つの区別がある。個我(ジーヴァ)と神(イーシュヴァラ=ヴィシュヌ)の区別、神と諸物質の区別、個我と個我の相互の区別、個我と諸物質の区別、諸物質相互の区別である。そして、この区別は、真実在(サティヤ)である。

(『ヴィシュヌの真実の決定』)

こうして個々の個我(人間)の自立性が強まったとき、神との関係はどのようなものになっていくのだろうか。どのような救済論が唱えられることになるのだろうか。

ヒンドゥー教における信仰のかたちを表す言葉としては、「バクティ」が有名である。この語は、「信愛」「献信」「献愛」「誠信」などと訳されるが、全身全霊を神にゆだねる信仰のあり方(絶対帰依)を表す語として、早くも『バガヴァッド・ギーター』のなかに現れてくる。たとえば、神は、次のように語る。

一枚の葉、一房の花、一個の実、あるいは一杯の水であっても、私に、[それを]信愛(バクティ)をもって供えるならば、信固《かた》く心《こころ》定めたその者から、信愛をもってささげられたそれを、私は喜んで受けとる。（九・二六）

その者がたとえ極悪人であるとしても、私以外に心を向けることなく私を信愛する[「バクティ」の動詞形]ならば、その者は善人に他ならないとみなされるべきである。なぜなら、その者はひと筋に心定めた者であるから。（九・三〇）

ここで、「早くも」と言ったのは、ヒンドゥー教の歴史のなかで、「バクティ」が宗教的な観念として重要な役割を実際に果たすことになるのは、『バガヴァッド・ギーター』の成立よりもずっと後のこと、六世紀に入ってヴィシュヌ教が南インドに広まりはじめてからのことだからである。そのなかで、「バクティ」による救済(解脱)を説いたのがラーマーヌジャであった。

彼にとっては、神(ヴィシュヌ)と個人との人格的な交わりこそが中心にあったことは先にふれた通りである。ただし、ラーマーヌジャが考えていた「バクティ」は、神への帰依と言っても、個人の側の義務的行為の実践を伴うものであり、神に対してひたすら恩寵を求めるというようなものではなかった。

ところが、ラーマーヌジャ以後のシュリー・ヴァイシュナヴァ派は、「バクティ」をどう理解するかをめぐって分裂することになる。あたかも小猿が母猿にしっかりとしがみつくように、信仰には人間の側からの努力も必要だと考える者たちと、そうした努力を全く認めず、母猫に首根っこをくわえられて運ばれる子猫のように、ひたすら神の恩寵にすがる者たちとに分かれたのである。

しかしこういったことは、インドの中世から近世にかけての宗教史、ヒンドゥー教史の問題である。哲学を扱う本書でふれるのはこれぐらいにしておこう。

第8講

言葉と存在

——言葉はブラフマンである

バルトリハリ／言葉は不変の実体を指示する／指示と意味／実在と偶有的属性／存在と認識／実在の二重性／不変の実体はいかにして変化するか／言葉はブラフマンである

バルトリハリ

「変容は、言葉による把捉であり、名づけである。「土である」ということだけが真実である。」これまでの講義で何度も出会ってきたウッダーラカ・アールニの言葉である。そして、シャンカラが、このウッダーラカの説を受けて、壺や皿や釣瓶は「変容」であって、「土である」ということだけが真実であると認めた上で、「言葉による把捉であり、名づけである」にすぎない諸事物からなる現象界は、それゆえ虚妄であると断じたことも、前々回の講義で見たところである。

しかし、ウッダーラカにおいては、「言葉による把捉」は、何か唐突に言われた感を免れないし、シャンカラにおいても、「言葉」についてはなんら説明はなされていない。あるいはむしろ、「言葉であるがゆえに、虚妄である」と、「言葉」が軽く扱われているようにも思える。本講では、この「言葉」を中心にすえてブラフマンと現象界の関係を論じたバルトリハリの哲学を見ることにしよう。

バルトリハリは、五世紀に北インドで活躍した文法学者であり哲学者である。文法学は、ヴエーダ聖典を正しく理解するための補助学として成立したものである。前三五〇年頃には、パーニニという人物が現れて、サンスクリットの文法規則を体系化した八章からなる『パーニニ文典』を作った。その後、カーティヤーヤナ（前三世紀）、さらにパタンジャリ（前二世紀）によって『パーニニ文典』に対する詳細な註釈が作られ、文法学派が形成されたが、そののちに伝統はいったん途絶えたようである。そしてこの文法学派を復興したのが、バルトリハリであった。彼は主著として、『文章単語論（ヴァーキヤ・パディーヤ）』全三巻を残している。

彼については、唐の時代の中国僧義浄《ぎじょう》（六三五—七一三）が、そのインド旅行記『南海寄帰内法伝《なんかいききないほうでん》』に簡単な伝記を残しており、そこに、バルトリハリが「死んでから四〇年が経っている」（義浄がインドに滞在したのは六七一—六九五年）と書かれていることから、彼を七世紀の人物としたこともあったが、現在ではそれは否定されている。ただ、七世紀という設定がもっともらしいと思われた理由もなくはない。

七世紀というのは、これまでの講義で見てきたヴェーダーンタ派で言えば、シャンカラが現れる前、ガウダパーダの時代であり、仏教で言えば、ディグナーガより後でダルマキールティやチャンドラキールティの時代である、ミーマーンサー派のクマーリラもマンダナミシュラもこの時代に活躍していたし、文法学派では、ヴァーマナとジャヤーディティヤによって、文法学の注釈書である『カーシカー注』が作られた時代でもある。

おそらくインドの思想史上最も華やかな時代である。インド古典文化の最盛期にインドを訪問した義浄は、その頃もなお轟いていたバルトリハリの令名をごく身近に感じて、誤った年代を残してしまったのかもしれない。

実際には、バルトリハリは五世紀の人物であった。五世紀となると、バルトリハリに先行する思想家で有名な人物はあまりいない。仏教で言えば世親と龍樹がいるが、他の派は、根本経典が成立してようやく自分たちの思想が固まってきた時代である。ヴェーダーンタ派の思想家たちは、シャンカラでさえも二、三〇〇年後の人物である。ラーマーヌジャやマドヴァに至っては七〇〇年後である。そのような早い時期に、独自のしかも完成度の高い、つまりは後世への影響力が想像以上に大きい哲学が作り上げられたのは、驚くべきことと言ってよいかもしれない。

言葉は不変の実体を指示する

本講では、『文章単語論』の第三巻第二章「実体について(ドラヴィヤ・サムッデーシャ)」を主たるテキストにして話を進めることにする。全部で一八の詩節からなる短い章であるが、バルトリハリは、ここで「実体」について論じている。ここで言われる「実体」とは、端的にブラフマンを指すから、これまでの講義で見てきたことと最も関わりの深い章である。以下の引用で詩節番号だけが示されているのは、この章からのものである。
まずはわれわれにとっておなじみの、金の喩えを使った次の詩節から検討をはじめよう。

金などは、それ(金)自身が変容した[指輪などの]様々な形相《けいそう》によって個別化される。[しかし、]純然たるそれ(金)自体こそが、「(金の)指輪」「(金の)腕輪」、「(金の)耳飾り」[]などの名称(語)によって指示されることに[結局は]なるのである。
(第四詩節)

ウッダーラカの言い方をなぞって言えば、「指輪や腕輪などの変容物は、「指輪」や「腕輪」という言葉による把捉であり、名づけである。「金である」ということだけが真実である」ということになろうが、バルトリハリは、このウッダーラカの考えを、「言葉は常に不変の実体を指示する」ということを意味するものと理解したのである。

このバルトリハリの考えには根拠があって、パタンジャリが作った『大注解書(マハーバーシュヤ)』(パーニニによって作られたサンスクリットの文法規則に対して、膨大な注をつけたもの)の序章に、次のように言われているからである。

実に、実体は不変のものであり、形相は変化するものである。[そのことは、]いかにして知られるか。世間では次のようなことが経験されるからである。なんらかの形相と結びついている土が、かたまりになる。かたまりの形相を壊して、数個の壺が作られる。壺の形相を壊して、いくつもの茶碗が作られる。同様に、なんらかの形相と結びついている金が、かたまりになる。かたまりの形相を壊して、指輪が何個か作られる。指輪の形相を壊して、腕輪がいくつか作られる。腕輪の形相を壊して、卍の護符がいくつか作られる。さらに変化して別の形相と結びついている金のかたまりは、二個の茶褐色の金の耳飾りとなる。形相はそれぞれ別だけれども、実体は同じである。形相は壊れても、他ならぬ実体はそのままである。

（『大注解書』序章）

この『大注解書』は、文法学派に属したバルトリハリのみならず、インドの伝統的な哲学者の誰にとっても、そのアイデアの共通の源泉となっていたものであったに違いない。第6講と第7講で見たシャンカラが金の喩えを使ったときにも、彼の念頭にあったのは、このパタンジャリの論述であったはずである。

そして、そのパタンジャリはと言えば、右の論述を見てわかる通り、金の喩えに先だって、土によって作られる壺の喩えに言及しているのであるから、ウッダーラカの教示からアイデアを得たことは間違いないだろう。このように思想の伝統というものは、連綿と続くものである。

ある時代の思想家の哲学を、時を超えた思想の連続性のなかで理解することもまた、重要である。

指示と意味

こうしてバルトリハリは、文法学の伝統のなかで、「言葉は常に不変の実体を指示する」と考えたのであるが、これは実際にはどういう意味であろうか。ここに言われる「不変の実体」とは、ブラフマンのことである。しかし、ブラフマンは、そのままでは眼に見えるものではない。眼には見えない存在が、どうして言葉によって指示されうるのであろうか。そもそも、「言葉によって指示される」とはどういうことか。

ここで意味論（セマンティクス）に入り込むのは厄介だが、こういった問題を考える場合に、最低限のこととして、「指示」と「意味」の区別を考えておくことは必要であろう。

まず、金の喩えの方から考えてみよう。「「指輪」や「腕輪」は、金を指示する」というのが、先の第四詩節で言われたことである。ここでの「金」は、「不変の実体」として存在している金である。しかし、現にわれわれの眼の前にあるのは、金で作られた特定の形相をもつものである。それらが、「指輪」や「腕輪」という名前で呼ばれている。この場合、「指輪」や「腕輪」という名称（語）は、何を指示しているのだろうか。

こんな風に誘導尋問のように論じていくと、きっとフレーゲ（ドイツの数学者・論理学者・哲学者。一八四八—一九二五）の例を思い出す人もいるだろう。「宵の明星（ヘスペラス）」と「明けの明星（フォスフォラス）」である。

「宵の明星」と「明けの明星」は、金星という同一のものを指示している。しかし二つの語の意味は互いに異なっている。「宵の明星」というのは、「日没後、西天に輝く金星」（『広辞苑』）であり、「明けの明星」というのは、「明け方、東の空に見える金星」（同）である。この二つの語の「指示（Bedeutung）」は同じだが、意味（Sinn）はそうではない」（フレーゲ「意味と指示について」）。そこでこれに倣って言えば、「（金の）指輪」や「（金の）腕輪」は、金を指示しているが、意味は異なっているということになるだろう。果たしてこのようなことが、先の第四詩節で言われているのだろうか。

さらに、金を喩えとして実際に言おうとしていることは、「言葉は、不変の実体である一者ブラフマンを指示する」ということであるのだろうか。その場合、「指示する」というのは、言葉のどのようなはたらきを言うものなのだろうか。このような点に関心を持ちながら、「実体章」を読み進めることにしよう。

実在と偶有的属性

「自己(アートマン)」、「もの(ヴァストゥ)」、そして、「本性」、「身体」、「真実在(タットヴァ)」という[語]はいずれも、「実体(ドラヴィヤ)」というこの[語の]同義語である。そしてそれ(実体)は、永遠不変であると言われている。真実なものは、それのもつ諸々の非真実な形相によって、限定されている。諸々の語によって、それらの諸々の非真実な偶有的属性を通じて、他ならぬ真実なものが指示される。それはちょうど、[「]デーヴァダッタの家」という語によっては、[」]デーヴァダッタの家が、偶有的な目印によって[特定されて]認識され、「家」という語によっては、他ならぬ純粋なもの(まさに家そのもの)が指示されるように。

(第一―三詩節)

バルトリハリは、まず、「実体」の同義語を列挙することからはじめているが、「実体」とはブラフマンのことであるから、ここに列挙された語は、すべてブラフマンを指すものである。そして、それをさらに、「真実なもの(サティヤ)」と言い換えたうえで、それが、「非真実な偶有的属性」つまり「実体」とは異なる何らかの属性をたまたま帯びることによって限定されて存在している、ということを言うのである。

ここにおいて、われわれはすでに第6講で見たシャンカラの陳述を思い出すであろう。シャンカラもまた、「イーシュヴァラは、無明によって作り出された「名称と形態」という偶有的属性によって限定されている」と言っていたのであった。

シャンカラが言うイーシュヴァラとは、現象界に現れた「下位のブラフマン」のことであった。バルトリハリの場合も、「非真実な」偶有的属性によってブラフマンが限定されるというのであるから、この限定されたブラフマンは、現象界に諸事物の形象をとって現れているものであろう。バースカラもまた同じように、絶対的なブラフマンが偶有的属性によって限定されて、多様な姿をとって現象界に現れると考えていたし、ラーマーヌジャにおいても身体(様態)によって限定されたブラフマンが考えられていたことは、すでに見た通りである。

このように、ブラフマンが諸々の「偶有的属性」によって限定されるという考えは、ヴェーダーンタ派において広く受け入れられたものである。しかしながら、バルトリハリにおいては、この偶有的属性という概念は、後世の彼らほどには、重要な概念とはなっていないように思える。

さて次に、第三詩節と第四詩節は、対になって、いかにして語が実体を指示するのかを具体的に説明するものである。第四詩節については、最初に見た通りであるが、これらの例によって示されているのは、「家」とか「金」とかの語が指示する実体が、これらの指示対象がもっている偶有的属性を表現する語である「デーヴァダッタ」とか「指輪」や「腕輪」によって限定されることによって、意味されているということであろう。この点をバルトリハリは、さらに続けて次のように説明している。

そして、種々の形相による限定があるから、［「指輪」という語が、金を本質とする］すべてのものを対象として意味することにはならないのである。それはちょうど、葦の髄（ストローのような細い管）などを通して［ものを見る場合に、］眼等の能力［が限定されて、限られた範囲しか見られないの］と同じである。語は、そのような諸形相を意味するものではあるけれども、［それら諸形相は］実在を本質とするものであるから、そのような語によって、永遠・不変なもの（実体）が指示されるのである。（第五―六詩節）

指輪は金を本質とするものであるが、金を本質とするすべてのものが「指輪」と言われるわけではない。なぜなら、偶有的属性を意味する「指輪」などの語は、そのことによって限定を受け、限定的な意味しか表さないからである。しかしそうした偶有的属性を意味する語も、結局は実体（金）を指示しているのである。

存在と認識

バルトリハリは、さらに続けて、次のような注目すべきことを言っている。

「実在（ブラフマン）と非実在（現象界の事物）の間に区別はない」と古老たちによって伝承されている。他ならぬ実在が、よく考えられることもなく、非実在だと思い込まれているのである。概念構想（分別）によってとらえられることのない実在が、概念構想のかたちを分有するのである。それ（不変の実在）には時間による区別が［実際には］存在していないのに、時間による区別（生起・存続・変異・増大・減少・消滅）が認識されるのである。認識のうちに対象の諸属性が存在することは絶対にありえない。［それにもかかわらず、］それら（諸属性）と絶対に同一ではないそれ（認識）が、あたかもそれらと同一であるかのように定立される。それと同様に、実在のうちに諸変容の諸々のかたちが存在することは絶対にありえない。［それにもかかわらず］それら（諸変容の諸々のかたち）と絶対に同一ではないその実在が、あたかもそれらと同一であるかのように認識されるのである。［すべての］形相の帰滅があるときに、最後まであり続けている真実在こそが、永遠不変のものであり、それこそが語によって指示されるべきものであり、そしてそれこそが語と区別されることのないものである。

（第七一一一詩節）

何か非常に奇妙な印象を与える、難解な論述である。存在に関わる事柄と認識に関わる事柄が入り組んでいるように思える。しかも、認識の問題であるならば、認識主体としてのわれわれの側からの記述となってしかるべきなのに、そのような人間的な印象を与えない。あたかも、非実在のものたちが、いかにして自分たちを実在するものに見せるのかということを、どこかの高みから明らかにしている論述のように見える。

日常的には、われわれの認識行為は対象なしには決してありえないのだから、認識内容と対象とを截然と区別することはできないはずである。しかしここでは、「認識のうちに対象の諸属性が存在することは絶対にありえない」と述べて、認識と対象とを絶対的に区別した上で、両者の混同こそが、われわれ（認識主体）において生じる認識であると言っているかのようである。

認識対象が外界に実際に存在しているかどうかは、認識の生起になんら影響を与えない。認識はそれ自身によって生じるのだ、というのは仏教の唯識《ゆいしき》派という学派の考え方であるが、バルトリハリも同様に考えているのであろうか。

実際、ヘーラーラージャ（一三―一四世紀）という注釈者は、右の第九詩節に対して、この唯識説を援用してバルトリハリの考えを説明している。認識対象のもつ青などの属性は物であって、その物が、物でない認識のうちに存在することは絶対にない、と説明するのである。その上、さらに続けて、仏教論理学者ダルマキールティの詩節を引用さえしている。

右のバルトリハリの論述は、ヘーラーラージャでなくとも、確かにこのように解釈したくなるものであり、その解釈は、間違ってはいないだろう。しかし、ヘーラーラージャはもちろん、ダルマキールティも、バルトリハリよりずっと後の人物であったことを忘れるわけにはいかないであろう。さて、詩節は次のように続く。

実在の二重性

それ(真実在)はあることなく、それはないこともない。それは一者ではなく、別個でもない。結びついたものではなく、切り離されたものでもない。変化したものではなく、変化しなかったものでもない。それ(真実在)はあることなくして、それは存在している。そしてそれは、一者であって、別々である。結びついたものであり、切り離されたものである。それは、変化したものであって、変化していないものである。その一者において、語、語の対象(意味)、語とその対象との関係が見られる。それ(一者)が、見られるものであり、見ることであり、見る者であり、見ることの目的である。

(第一二—一四詩節)

ここに言われていることは、真実在であるブラフマンに相矛盾する二つの様態があるということである。

これに関しても、注釈者のヘーラーラージャは、絶対的なレベルの実体(パーラマールティカ・ドラヴィヤ)あるいは最高位のブラフマンと、日常的なレベルの実体(ヴィヤーヴァハーリカ・ドラヴィヤ)あるいは下位のブラフマンとの区別に言及しながら、注釈をしている。実在に二つのレベルを認めることによって、このような矛盾する性質の存在を合理的に説明すると、確かに理解しやすくはなる。しかしここでもまた、果たしてバルトリハリ自身が、そのような区別を明確に認めていたのかという問題が出てくる。

ブラフマンに最高位と下位の区別を認めたのは、シャンカラであった。シャンカラは、ブラフマンに二つの様態を認めていた。ひとつは、名称と形態の個別的な変容という諸々の偶有的属性によって限定されているもの(「下位のブラフマン」)であり、もうひとつは、それとは反対に全くなにひとつ偶有的な属性をもっていないもの(「最高位のブラフマン」)である。そのことは、第6講においても見た通りである。しかし、バルトリハリもまた同様の区別を認めていたとまでは言うことはできないであろう。

ヘーラーラージャの注釈は、シャンカラの影響を大きく受けたものであるに違いない。したがって、「バルトリハリはただブラフマンにこの二種の側面のあることを認めただけであって、未だこの両側面をそれぞれ特殊な術語を以て呼ぶには至っていない」(中村元『ことばの形而上学』)とするのが、やはり妥当な理解であろう。さて、さらに続けて、次のように言われている。

不変の実体はいかにして変化するか

諸々の変容が消滅したときには、耳輪［の消えた後］には真実在としての金だけが残る。それと同じように、［現象界における］諸々の変容が消滅したときには、真実在としての根本の質料因［であるブラフマン］だけが残る。それ（根本の質料因であるブラフマン）は、すべての語によって表示されるべき対象である。そして、諸々の語は、それと別個ではない。たとえ［ブラフマンと諸々の語とが］別個でなくても、両者の間には、あたかも別々のものの間にあるかのような関係がある。夢の中では、同じひとつのこころが互いに矛盾する姿をとって現れてくる。自分であったり、他人であったり、仲間であったり敵であったりする。話す者であったり、話されるものであったり、［話すことであったり、］話すことの目的であったりする。ちょうどそれと同じように、本来的に不生で不変で時間的な前後関係をもたない真実在（ブラフマン）のうちに、相矛盾する生起などの諸様態があるかのように認識されるのである。

（第一五―一八詩節）

以上が、「実体章」の全体である。第一八詩節に言われていることが、結論である。「不変のブラフマンが、いかにして現象界へと変化するのか」という問いに対しては、「不変のブラフマンに変化相があるのは、そのように認識されているだけだ」というのが結論である。

すでに現象界を虚妄とみなすシャンカラの説を見てしまっているわれわれとしては、この考えは、シャンカラへの前段階のようにしか思えないかもしれない。しかし、このバルトリハリの結論には、ひとつ重要な点がある。それは、この結論が、文法学派の伝統のなかから必然的に出てきたものであるということである。その点にふれておきたい。

「不変の実体がいかにして変化するのか」という問題に答えることは、文法学にとっては重要な課題であった。語が常に同じ対象を指示し、同じ意味を表すからこそ、人はその語を使ってコミュニケーションを行うのである。このことは、文法学派の彼らにとっては、当然の事柄であった。つまり、彼らにとって、言葉は永遠・不変の実体なのである。

しかし、言葉は変化する。たとえば語は実際の使用において、語尾変化をして別の形になる。文法にも、「文法要素の代置（アーデーシャ）」を規定する規則がある。つまり、要素xに対して要素yが、要素xと同じ文法上の機能をもつものとして、置き換えられる場合があることを、文法が認めているのである。このことは、ある時点まで存在していた要素xが、その時点でなくなり、その時点まで存在していなかった要素yが、その時点から生まれてくるということを、認めるということに他ならないであろう。言葉の永遠・不変を主張する彼らにとっては明らかに不都合なこのことを、どのように説明するのだろうか。

『大注解書』の作者パタンジャリはこの困難を回避するために、「観念（ブッディ）が変化させられるのであって、文法要素そのものが変化させられるのではない」と考えた。つまり、そこで起こっているのは、観念の変化であって、要素xについて考えるかわりに要素yについて、そのとき人は考えはじめるのだと言うのである。

サンスクリットと日本語ではかなり成り立ちが異なるので、具体的に説明するのは難しいのだが、たとえば、「～がある」と「～が存在する」が、文法的に同じ機能をもつ文法要素だとしよう。そこで、文中で、一方が使われているとき、他方への置き換えが可能であるとしよう。では置き換えられたときに、何が変化したのか。「あ」が「存在す」に変化したのだろうか。パタンジャリは、そうではなくて、そのとき観念の全体が一挙に変化したと考えるのである。つまり、語全体の観念レベルでの転位が起こったと考えるのである。実際の語としての存在のレベルで、何かが部分的に変化したり、何かに何かが付け加えられたりするのではない。観念のうちで、語全体が、別の語全体に瞬時に取って代わったのだと考えられるのである。「取って代わる」を、「変身する」とか「変成する」と言ってもよいだろう。

言葉はブラフマンである

不変の実体が観念のうちで変成する。これこそが、バルトリハリにまで受け継がれた文法学派の考え方なのである。『文章単語論』第一巻の冒頭に掲げられた次の詩節は、「言葉はブラフマンである」というバルトリハリの主張を宣言するものであるが、ここで表明されているのは、まさに「不変のブラフマンが観念のうちで多様に変成する」ということであろう。

そこから現象界の構築があるブラフマンは、はじまりももたず終わりももたず、言葉の本質であり、不滅の字音であり、意味＝対象＝事物として［この現象界に］変成する。

（『文章単語論』第一巻第一詩節）

「そこから現象界の構築があるブラフマンは」という最初の一句（原文では詩節末尾）は、明らかに、「［ブラフマンとは、］そこからこの［現象界の］生起等があるものである」という、『ブラフマ・スートラ』（一・一・二）のブラフマンの定義を受けたものである。バルトリハリもまた、根源的一者であるブラフマンが、この現象界の多様な諸事物に関わり合っていることを、彼の言語哲学の最初に認めるのである。

しかし、その陳述から、『ブラフマ・スートラ』にあった「生起等」の語が消え、かわりに「構築（プラクリヤー）」という語が使われていることに注目しなければならない。「構築」は、文法学において、語や意味の成り立ちを分析的に説明することである。次講で述べるように、バルトリハリにとって、言葉は本来、絶対無分節なものとして考えられるべきものであるが、それを分析して区分を設け、日常的なレベルでの意味理解のために組み立てることが、「構築」である。彼は、次のように言う。

一者であるそれを、「構築」の違いによって、人は多種多様に区分する。人は、文法学を習得してはじめて、その最高のブラフマンに到達する。（同第一巻第一二二詩節）

絶対無分節のブラフマンを、分節して理解する、つまり「構築」するためには、文法学の習得が必要だ、というわけである。バルトリハリは、ブラフマンについて語っているのだろうか。それとも言葉について語っているのだろうか。ブラフマンと言葉は、ここで一体化してしまっているようだ。しかしこれこそがバルトリハリの言語哲学なのである。

イスラーム思想の研究で国際的な学者として広く知られ、『イスラーム哲学の原像』（岩波新書）などの著作で有名であった井筒俊彦（一九一四―一九九三）は、死の直前まで、「東洋哲学全体の新しい構造化」をめざしていた。その井筒が、シャンカラの哲学について語った言葉をここで思い出しておくことにしよう。

我々の経験的世界は、我々自身の意識の「付託」的働きによって、様々に分節されて現われるブラフマンの仮象的形姿にほかならない、ということになる。どこにも分節線のない絶対一者が、分節された形でわれわれの表層意識に映るのだ。絶対一者が客観的に自己分節するわけではない。

（『意識と本質』）

ここでの「付託（アディヤーサ）」という語は、井筒の言う通り、「不二一元論の重要な術語」であり、シャンカラの用語であるが、これを「構築」と言い換えれば、右の文章は、そのままバルトリハリの考えていたことだと言ってもよいだろう。

いや、井筒の右の文章は、シャンカラよりもバルトリハリにこそふさわしいのではないだろうか。井筒が、その著作においてバルトリハリに言及することは、ほんのわずかしかないが、言語への関心がとりわけ強い哲学者であったから、その理解はそのままバルトリハリにまで届いていたと言えるかもしれない。

第9講

存在と非存在

——言葉と普遍

自己分節の思想史／存在と非存在／変化は存在しない／言葉は自己分節するか／言葉が先にある／言葉とは「覆いかぶせ」である／存在と非存在のディレンマ／仏性

「絶対一者が客観的に自己分節するわけではない」という井筒俊彦の言葉を、前講の最後に紹介した。本講ではこれについて考えることからはじめよう。

第1講で見たウッダーラカ・アールニの教示には、根源的一者が自らの意志で「増殖」すると述べられていたから、明らかに自己分節を主張する立場である。第3講で見た諸説の多くも、一者を質料因とみなすもので、自己分節だ。第4講のサーンキヤ説も、因中有果論で、根本原因(質量因)であるプラクリティからの現象界の実在論的転変が述べられていたので、これも自己分節である。

第6講で見たのは、シャンカラの説であった。それは因中有果論に立ちながら、一者に変化は認められないということから、現象界を一者の仮の現れとするもので、幻影的転変説と言うことができるだろう。井筒の言うように、「絶対一者が客観的に自己分節するわけではない」(傍点は筆者)が、一者と現象界の間に生じる原因と結果の関係は断固として認められているから、いわば幻影的には自己分節が起こっていると言うべきであろう。第7講で見たバースカラやラーマーヌジャ、マドヴァは、個我や現象界の実在性を一者の実在性とともに強く主張したから、純然たる実在論的転変説で、自己分節である。

こうしてみると、インド思想史では、自己分節の考え方が圧倒的に多かったということになる。

ではバルトリハリはどうか。前講で見た通り、バルトリハリは、後のシャンカラと同様に、ブラフマン一元論者である。そして、そのブラフマンのうちに言葉の本質を見た言語哲学者であった。その思想はときに神秘主義的な傾向を帯びることもあるが、他方、彼は伝統的な文法学派に属し、人間の日常の活動における言葉の成り立ちとはたらきに細心の注意を払って、言葉について論じた文法学者でもあった。

バルトリハリにとって、言葉とは本来単一不可分なものであった。それを語(単語)や音素に分解し、諸語のつながりや音素の連続という分節的な順序をそこに認めようとするのは、人間の側の概念構想(分別)のはたらきである。そして、世界の出来事が、言葉の意味として語られるとき、その意味としての世界もまた本来はひとつの全体であるはずだが、日常の場では、人間の概念的な思惟のはたらきによって分節化されて認識され、言葉と結びつけられて表現活動へと向けられるのである。したがって、世界の分節化は、根源的一者が自己分節して起こるのではなく、人間の側の意識のはたらきの結果であると、バルトリハリは考えていた。

ただし、彼は、実際の論述においては、このような人間の意識のはたらきを、「全くもって不思議なものである」と言って、次のように少し妥協的に説明している。

すべての世間的な活動は、概念構想によって生み出された存在物によって、それがあたかも第一の実在(ブラフマン)によってなされるかのようにして、なされる。そしてまさにそれゆえに、永遠不変のブラフマンを主張する者は、それ(分節しないブラフマンが、分節するかのように見られて、世間的活動がなされること)は、ブラフマンの能力であると考えている。ブラフマンは分節的順序(クラマ)と同一であると彼らは言う。分節的順序がブラフマンと別のものであることはない。

(『文章単語論』第三巻第三章「関係について」、第八二—八三詩節)

存在と非存在

すでに前講の終わりから、井筒哲学に特徴的な用語である「分節」という語を使ってきたが、右のバルトリハリの文章においては、それが「分節的順序(クラマ)」という語で言われていることに注目して欲しい。

「分節」は、井筒によって「分節線」とか「限界線」という言い方で説明されるように、無分節の一者を空間的に区分するというイメージがそこにはあるだろう。これに対して、バルトリハリは、世界の分節化において、順序、つまり時間的な前後関係を想定している。なぜなら、この世界は、存在と非存在とによって成り立っているからである。

存在と非存在は、生起と消滅という二つの時点の間にある中間の状態であると、バルトリハリは考えた。……生起→存在→消滅→非存在→生起→存在→消滅……。このように、現象界における時間の流れが想定されているのである。そして、多様な事物から成り立っている現象界において、言語表現を行おうとすれば、「ある」という空間的な様相だけでなく、「ある」と「ない」、存在と非存在によって成り立つ時間的な様相をも拠り所としなければならないのである。彼は、「あること」と「ないこと」を言葉にそなわっている二つの能力であると認め、「この二つの能力が、日常的な言語表現活動の基盤である」（『文章単語論』第二巻第三三詩節）と言っている。

ただし、この存在と非存在は、永遠不変のブラフマンのような実在ではなく、単に日常的・世俗的な活動に応じてあるものである。現象的な現れである存在と非存在について、バルトリハリは次のように言っている。

［実際には、］非存在が存在として生起することはない。存在が消滅状態になることもない。

存在と非存在はともに概念的に構想されたものであって、根源的一者であるブラフマンと別のものではない。［だから、存在と非存在の両者が別個のものであることもない。］［結果として生起するまえの］非存在は、消滅状態（本体のない状態）にあるのだから、［そこに、非存在を］あらしめる原因は存在しない。［だから、ないものが生起してくることはない。］反対に、本体をもって［すでに存在して］いる状態にある存在に対して、原因は何をなすであろうか。［何もなさない。だから、あるものが消滅することもない。］

（同第三巻第三章「関係について」、第六一―六二詩節）

変化は存在しない

われわれは、『倶舎論』にあるこれとよく似た言葉を、第7講で見た。それは、「あるものはある、ないものはない。ないものは生じることがないし、あるものは滅することがない」というものであった。そこでは、この言葉は、サーンキヤ派の因中有果論を言うものとして提示されていた。したがって、この言明の結論は、「だから、ものが生起するためには、原因のうちにあらかじめ結果がなければならない」ということであり、「だから、ものは、原因のうちにある本質を失うことなく変化するのだ」ということであった。そこでは、原因が存在すること、したがって結果も当然存在することは疑われなかった。因中有果論に基づく限り、ヴェーダーンタ派の主張も、ブラフマンが変化することを否定したシャンカラを別にすれば、サーンキヤ派と同じである。

しかし、バルトリハリがここで言おうとしていることは、表現は似ていても、全く違っている。彼は、「変化をもたらす原因は存在しない」ということを言っているのである。「ないものが生じることはない。原因が存在しないから。あるものが滅することもない。原因が存在しないから」と言っているのである。これは、変化は存在しないと言っているに等しいであろう。シャンカラの場合は、ブラフマンが現象界の原因であることは認めて、因中有果論をとった上で、不変のブラフマンが変化することはないということから、現象界が実際には虚妄であることを主張したのであった。これに対して、バルトリハリは、現象的な存在と非存在は、あくまで人間によって概念的に構想されたものであるとして、実際にはすべての事物がブラフマンのうちに同時的に一体化して存在している、と考えているのである。

非存在が、存在とは何か別のものとして確定されることはない。それと同様に、同時的に存在することと分節的順序をもつこととの間に、なんらかの区別があることもない。「すなわち、分節的順序をもつ諸事物は、すべてブラフマンのうちに同時的に存在しているのである。」それゆえ、永遠不変であり、存在と非存在を本性とする一者（ブラフマン）が、

［それ自身の］能力の区別によって、語によって指示されるべき対象となったときに、多くの様態をもつものとして、輝き出すのである。（同第八四、八七詩節）

ブラフマンは、日常的な言語表現の対象となったとき、空間的な差別も時間的な差別も同時にすべて様態として引き受けて、世界として現象するということである。このバルトリハリの考えが、どこに向かっていくかを見るために、井筒俊彦の哲学をさらに参照してみよう。

言葉は自己分節するか

井筒が、数あるその著作のなかでバルトリハリについて述べたのはわずかであったと前講で述べたが、次の文章は、そのわずかな箇所にあたる。

すなわち経験的世界におけるあらゆる事物事象の生起は「語・梵」（シャブダ・ブラフマン）の自己分節によるのであります。しかも「語・梵」はその本性上、永遠不断に自己分節の過程にあるのでありまして、ここでもまた禅の場合と同じように、根源的非言語が絶えず自己を分節して具体的な個々の語となり、それらの語が個々の事物事象を現成させて、その結果、我々の経験界が現われてくるという考えであります。

（『意識と本質』「対話と非対話」）

シャンカラに関しては、一者の自己分節を否定した井筒が、バルトリハリに関しては、一者の自己分節を積極的に肯定していることは、大変興味深い。この理由を考えてみたい。

すでに見たように、バルトリハリは、世界の分節化はその根源にある一者が自己分節して起こるのではなく、人間の側の「概念構想」つまり意識のはたらきの結果であると考えていた。人間の意識は、「言葉という形をとるもの」（『文章単語論』第一巻、第一三四詩節）である。そして、「主体と客体に区分された形は、言葉であるブラフマン（シャブダ・ブラフマン）が現象界へと変成したもの（ヴィヴァルタ）である」（同第一三九詩節への注）と、彼は考えている。

つまり、ここでは、一者ブラフマンが、主体と客体に自己分節すると確かに言われている。本来は主客未分である言葉＝ブラフマンが、人間の側の意識のはたらきによって主体（主観、サーダカ）と客体（客観、サーディヤ）に分裂する。そして表示主体＝語であるとともに表示対象＝事物ともなって、現象界として現れているというのが、バルトリハリの考えである。彼は次のように言っている。

個別的なあり方をとって変成することによって形象化することを得る最高の根源的原理は、

言葉に他ならないと、すべての学問において伝承されている。不可分の一者であるその言葉の、一部分である「ウシ」など［の語］は、［言葉であるブラフマンとしての］一者性を決して超えることなく、言葉を導きの眼として、言葉を根拠として、［牛などの表示対象として］個々別々に現れ出てくる。

（同第一三六─一三七詩節）

喩えて言ってみれば、バルトリハリにとっては、ブラフマンと現象界の関係は、スクリーンとそこに映し出される画面のようなものである。ブラフマンというスクリーンに、千変万化の刻々と変化する映像が現れているが、実はその映像は人間の意識というプロジェクター──ただし、このプロジェクターは語を発するプロジェクターである──によって映し出されているのである。スクリーン自体に分節化が起こっているわけではない。

しかし、言葉であるブラフマンが、表示の主体（プロジェクター）と表示の客体（スクリーン）に自己分節していることもまた確かである。その結果として、現象界が現れてくるのである。先の井筒の言葉は、まさにこのことを言ったものだったのである。

言葉が先にある

ただし、バルトリハリが、ブラフマンと言葉を一体として考えていたということを忘れてはならない。「言葉はブラフマンである」と彼は考えていた。これは現象界においても同様で、井筒の言う通り、個々の語が個々の事物・事象を「現成」させるにしても、決してそれは語が事物を生み出すということではなくて、表示主体として、表示対象を表し出しているということなのである。

語が事物になるわけではない。言葉であるブラフマンは、個々の語に自己分節するが、それがさらに個々の事物に自己分節するわけではないのである。プロジェクターがスクリーンに映像を映し出すように、語は、事物を表し出す、顕わにするだけである。

しかしさらに考えなければならないことがある。すでに見たように、語は永遠不変の実体であった。したがって語の表示対象である事物もまた永遠不変でなければならないだろう。さもなければ、両者の間に不変で必然的な関係が成り立たないことになる。しかし、現象界の事物は永遠不変の存在ではない。それではいったいどのようにして語は現象界の事物を表し出すのであろうか。

普通われわれは、対象の事物を認識して、それを表すために語を使うと考えているだろう。事物が先にあって、語が使われるのは事物を認識した後のはずである。これが日常的な言語使用の場における、語による認識の普通のあり方である。バルトリハリは、もちろんそのような言語使用の実際についても怠りなく議論をしている。

しかし、目下の講義で考察の対象としている問題は、ブラフマンである言葉が、いかにして現象界を表し出すのかということであって、人間の側の認識の構造の問題ではない。バルトリハリが、日常の場における言語使用や、認識における言語のはたらきについてどのように考えたかという認識論の問題は、別の機会に扱うことにして、ここでは、もう少し、言葉＝ブラフマンによる現象界の創出の問題を考えることを続けよう。

そこでもし、プロジェクターの喩えが正しいのであれば、バルトリハリの場合は、先に語というプロジェクターがあって、そこから表示対象が現れる、映し出されるということになるであろう。果たしてこのような理解でよいのか。バルトリハリは次のように言う。

どのような語によっても、必ず最初に言い表されるのは、語それ自身の［かたちの］普遍である。その後で、［それぞれの語の］表示対象の普遍のかたちに対してそれ（語自身のかたちの普遍）の覆いかぶせ（アディヤーローパ）が構想されるのである。

（『文章単語論』第三巻第一章「普遍について」、第六詩節）

すなわち、「ウシ」という語によっては、この語のそれ自身の「かたちの普遍（ジャーティ）」である〈ウシ〉が、最初に、言い表される。そしてその後で、〈ウシ〉を、表示対象である牛の普遍のかたちに対して覆いかぶせるということを想定する。その結果として、個々の牛が表されることになると、バルトリハリは言うのである。確かに語が先にあって、事物は後である。

言葉とは「覆いかぶせ」である

ここでバルトリハリが使う「覆いかぶせ（アディヤーローパ）」という語は、通常は「付託」と訳される。前講の最後にふれた「付託（アディヤーサ）」の同義語であり、井筒がシャンカラの不二一元論を理解するにあたって重要視した語でもあった。井筒は、別の著作では、これに「付託《かぶせ》」という訳語を当て、「マーヤー（仮の現れ）」の同義語とみなしている（『超越のことば』「マーヤー的世界認識」）。

確かに、シャンカラにおいては、この語は、暗がりのなかで縄を蛇だと誤認する喩えの通り、Aに対してAでないものを「かぶせ」て誤って認識すること（錯誤知）を意味するものであった。この現象界が虚妄であるのも、実在のブラフマンに対して非実在のブラフマンならざるものを「かぶせ」て、人の意識が見るからだというのが、シャンカラの考えである。

しかし、バルトリハリにおいては、「錯誤」という含意はない。バルトリハリは、言葉のはたらきを示すものとして、「覆いかぶせ」という語を使っているのである。言葉は、まさに語としての自らのあり方を、対象に覆いかぶせることで、表示対象としての事物を表すのである。

しかも、いま「対象」と言ったが、語がはたらきかける前に対象が存在しているわけではない。プロジェクターが映し出す前から、映像がスクリーンに映っていることはないのである。まさに言葉は、ブラフマンという無地(絶対無分節)のスクリーンに、自らの語としてのかたちを投げかけて、その瞬間ごとに、あたかもそこに対象があるかのようにして「覆いかぶせ」を行って、個々の事物を映し出すのである。

まさにそのときが、「言葉であるブラフマン(シャブダ・ブラフマン)が現象界へと変成した(ヴィヴァルタ)」と言われるときに違いない。

ところで、先ほどのバルトリハリの文章で、「普遍」ということが言われていた。ここで意図されているのは、日常言語であれば、発話者が誰であれ、「ウシは〜」という発声がなされれば、それを聞いた人は、一般的に(普遍的に)、「ウシは〜」と理解するだろうし、その結果として、「牛は〜」という表示対象である事物についての理解を、一般的なかたち(普遍的なかたち)でもつだろうということである。

「ウシ」は、個人によって様々に発声される「ウ」「シ」という音の連続からなる語の類概念であり、「牛」は、個別の牛の類概念であるという意味で、「普遍」と言われていると考えてもよい。そして、バルトリハリは、「表示対象の普遍はすべて、［それらを表示する］語［それ自身］のかたちの普遍を根拠とするものである」(同第一巻第一五詩節)と考えていた。

しかし、これはおかしくはないだろうか。バルトリハリは、一方で、「普遍」とは永遠不変の実在だと考えていたのではなかったか。それが、語それ自身のかたちとしての「普遍」であれ、対象のかたちとして「普遍」であれ、語によって表し出されるということは、そのときに表示対象となる、表示対象として生まれるということであるから、永遠不変なものではありえない。したがってそれは、「普遍」たりえないのではないか。バルトリハリの言うことは、矛盾してはいないか。これについて、彼は次のように言っている。

> そこに普遍が存在していなければ、何ものも生じることはない。普遍は、それ自身の顕現のために、諸原因を発動させるものである。諸々の普遍は、永遠なあるいは永遠でない諸原因のうちに入り込んで、それら自身を、何度も何度も、諸結果のうちのどこかに顕現させるのである。普遍は、また、新たに行われつつある行為の目的に対しても、その達成手段である。普遍は、自分が依拠している対象をあらしめるために、行為を発動させるものである。
>
> (同第三巻第一章、第二五―二七詩節)

そこに普遍が存在しているからこそ、ものが生じるとは、どういうことか。続く文章からわかるように、「生じる」とは、「普遍が顕現する」ということである。ここで「普遍」と言われているのは、もちろん語の表示対象としての普遍である。語の表示対象としての普遍が顕現することが、ものが生じるということだと、バルトリハリは言うのである。

たとえば、「彼は壺を作る」という文を考えてみよう。「壺」という語が表示しているのは、永遠不変の普遍である「壺」である。それを壺性と言うこともできる。「壺」という語によって壺性が表示されるとき、壺性は、壺性が依拠している壺をあらしめるために、「作る」という行為を発動させる。また、その壺性は、壺を作り出すことになる諸々の原因を発動させるのだと、言うのである。

存在と非存在のディレンマ

存在と非存在を、顕現と未顕現ということで説明する仕方は、第6講のシャンカラの主張においても見たところである。また、たとえば、壺性という永遠不変の普遍が個物である個々の壺を通じて顕現するという考えや、永遠不変の音素が個々の具体的な声が言葉として発せられたときに顕現するという考えも、インド哲学のなかでは、めずらしくはない考えである。

しかし、語の表示対象である普遍が、ものが生起するための諸原因を発動させると考えるのは、バルトリハリの特徴であって、他の思想家には見られないものである。永遠不変の語が、現象界の事物を表し出すということを説明しようとするならば、出てくる結論はこれしかないだろう。変化を認めない限り、「壺を作る」とか「壺が生じる」といった文によって表される事態は、「普遍の顕現」ということによってしか説明できないのである。

普遍が顕現するためには、それが顕現する場としての個々の事物がまず存在しなければならない。しかし、語が事物を表し出すためには、語の表示対象としての普遍が先に介在しなければならない。鶏が先か卵が先かのようなディレンマがここにはある。これを解くために、バルトリハリが考えたのが、語によって表示された普遍はそれ自身が顕現する場としての事物を存在させるために、諸原因を発動させるということであったのである。

普遍からなる世界においては、変化は認められない。そこでは、一般的な意味での「生起」はない。このことを、バルトリハリは、次のように言明している。

「生起」とは、ものがそれ自身の本性を獲得することを言うものである。そして、獲得されるべきものが獲得されるのは、現に存在しているものによってである。しかし、それが現に存在しているのであれば、なぜそれが生じるのか。しかし、もしそれが現に存在していないのであれば、どのようにしてそれは生じるのか。　（同第三巻第三章、第四三詩節）

「なる」、「生じる」ということが、あるものがそのものとしての本性を獲得することだとすれば、そのものはすでにそのものとして存在していなければならない。しかし、すでに存在しているならば、どうして新しく生じる必要があるのか。また、それが存在していないのであれば、本性を獲得する基体が存在しないのであるから、どうしてそれが生じうるのか。

壺を作っていて、「壺ができた」と言うのはいつなのか。壺が壺性を獲得したときだとして、では壺が先にあるのか、それとも壺性が先にあるのか。壺が先なら、もう壺はあるわけだし、壺性が先だとすると、まだ壺はないから、壺性が属する基体がないということになる、というのである。

ものがなにものかに「なる」ということを、本性の獲得ということで、存在論のレベルで語ろうとすると、必ずこのディレンマに陥る。バルトリハリは、この「存在と非存在のディレンマ」を解決するために、「普遍の顕現」ということで、ものの「生起」を説明しようとしたのであった。

仏性

さて、バルトリハリからおよそ七〇〇年後、日本にもこのディレンマに悩んだ人物がいた。鎌倉時代の禅僧道元《どうげん》(一二〇〇―五三)である。本講の最後に、「存在と非存在のディレンマ」についで、われわれにとって比較的身近な問題としてこれを考えるために、道元がその著『正《しょう》法眼蔵《ぼうげんぞう》』で行っている考察を見ておくことにしよう。

「人は仏となれるか」、「人はいかにして仏となるか」。仏教徒であれば誰もが考えてきた問題のはずである。そして、多くの場合、この問いは、「仏性《ぶっしょう》」のあるなしに関わって論じられてきた。

つまり、人は仏性をそなえたときに「仏」となる。あるいは、人には仏性が本来的にそなわっている、その仏性が輝き出たとき、人は仏となる。あるいはまた、人には最初から仏性がそなわっている、だから人はそのまま仏である。――このようなことがしばしば言われてきた。（もっともここでの例は、「仏性」でなくてもよい。「仏」を「人間」と言い換えてもよいだろう。）

道元は、『正法眼蔵』で、仏性について様々な観点から論じている。彼は、ときに「仏性あり」と言い、またときに「仏性なし」と言う。たとえば、「仏性はないと語り、仏性はないと聞く。それがそのまま仏となる道だと知られるのである。したがって、まさに仏性のないそのときこそが、そのまま仏となるときである。「仏性はない」と聞かず、また「仏性はない」と語らないときには、まだ仏にはなれないのである。」（『正法眼蔵』「仏性」。原文は難解であるので、増谷文雄の訳に拠りつつ、さらにそれをわかりやすく筆者が言い換えた）

ここで言われているのは、「仏になるのは、その者に仏性がないからこそだ」ということで、逆説的ではあるけれども、極めて論理的でもあろう。もし、よく言われるように、すべての生きとし生けるものに仏性がそなわっているならば、仏性があるとはすなわち「仏である」ということであるから、すべての生きものは最初から仏であるのであり、仏になることはない。つまり、「仏になる」とは、そのときには仏性はなく、あるとき仏性がそなわってはじめて、「仏になる」わけである。

しかし、道元は、次のようにも言う。「仏性というものは、どこかからやって来るわけでもない」と。仏の本来的な性質であるはずの仏性が、何かの拍子にその者にそなわるということもないということである。

ここに見る問題は、実はわれわれがこれまでの講義で何度も見てきた、因中有果論と因中無果論の間の解決困難な難問にあたるものである。つまり、「人が仏になる」のは、原因である人にすでに結果としての仏性があるからだと考える立場と、「人が仏になる」にしても、それは原因である「人」に仏性があるからではなく、仏性が「人」に新しくそなわる瞬間があるからだという立場との、対立である。

そして、この対立は、本講で見たように、存在と非存在、「ある」と「なる」ということについて考えるときにも、必ず生じてくる問題なのである。われわれは、これまでの講義で、もっぱら因中有果論の立場に立つ思想の展開を見てきたのであるが、講義の締めくくりである次回の講義では、因中無果論の立場に立った場合の存在論を見ることにしよう。

第 *10* 講

超越と存在
——ヴァイシェーシカ派とニヤーヤ派

因中無果論／多元的原子論／存在性という普遍／シャンカラによる批判／イーシュヴァラの登場／なぜイーシュヴァラが現れたのか／神の存在論証のはじまり／神の助け／神は動力因である／神力と業力のせめぎ合い

因中無果論

これまでの講義で見てきたように、サーンキヤ派とヴェーダーンタ派は、世界の成り立ちを説明するために、因中有果論を採用し、現象界は根本原因(質料因)に起源をもつとした。これに対して、ヴァイシェーシカ派は、因中無果論を主張した。第7講において、シャンカラによる因中無果論の批判もすでに見たところである。

では、ヴァイシェーシカ派が主張した因中無果論とは、実際にはどのようなものであったのかを、すこし詳しく見てみよう。因中無果論は、彼らの根本経典である『ヴァイシェーシカ・スートラ』では、次のように、簡単に述べられるだけである。

> 複数の実体が[集まって]別の実体を新しく作り出す。複数の属性が[集まって]別の属性を作り出す。(一・一・八―九)

ヴァイシェーシカ派は、『ヴァイシェーシカ・スートラ』によれば、世界を構成する基本的な原理（範疇）として、実体、属性、運動、普遍、特殊、内属（和合）の六種を認めている。ただ、この『スートラ』よりも成立が古いと考えられるテキストで、漢訳でしか残っていない『勝《しょう》宗十句義論《しゅうじっくぎろん》』では、この六種の他に、「能」（潜勢力）、「無能」（無潜勢力）、「倶分」（普遍かつ特殊となるもの）、「無説」（非存在）が数えられている。

このうち「実体」としては、地・水・火・風・虚空・時間・空間・アートマン・意識の九つが数えられる。これらのなかで、別の実体を新しく作り出すのは、地・水・火・風の四つの基本元素だけである。

地・水・火・風の基本元素は、物質の極小単位である微細な原子（極微《ごくみ》）としてあるときには、世界の「原因としての実体」である。そして、原因としてのそれらが、多数集まって眼に見える粗大なかたちをとったとき、それらは「結果としての実体」、すなわち身体・感官・対象となって、この世界を構成するものとなる。上の『スートラ』の文句を説明すれば、こういうことになる。

この説明からわかるように、まず世界の根本原因としてヴァイシェーシカ派が認めるのは、地・水・火・風の四種の原子である。そこには、これまで見てきたような「一者」の姿はない。そして、この「原因としての実体」である原子が集まって、新しく別の「結果としての実体」を作り出すのである。ここでは、結果は原因のうちには存在しておらず、全く新しいものとして作り出される。原因と結果は全く別の物なのである。

これが、ヴァイシェーシカ派の因中無果論である。上の引用において、「新しく作り出す」という意味で、ā-rabh-(アーラブ)という動詞が使われているので、原子の結合集積によって世界の成り立ちを説明しようとするこの説は、「アーランバ説」(構成説、積集説)と呼ばれることもある。

多元的原子論

この説をもう少し詳しく見ていこう。現象界を構成する多様な諸事物は、すべて地・水・火・風の原子の結合によって生まれてくる。世界創造時の原子の結合集積は、段階的に次のような順序で起こる。

第5講で、ヴァイシェーシカ派が自然法則と「業」の論理を結合させ、「不可見力」(業によってもたらされた潜勢力)という考え方を打ち出したことにふれた。たとえば、風の原子で言えば、まず原子にこの「不可見力」によって運動が生じ、その運動が二個の原子を結合させて二原子体(二微果)が生じる。この二原子体が三つ集まって三原子体(三微果)が作り出される。この三原子体の状態になってようやく知覚されうる物質としての風になる。風の原子には固有の属性として可触性がそなわっており、それが三原子体の状態になったときに知覚されることになるのである。

同様に、地の原子には香りが、水の原子には冷たさが、火の原子には熱さがそれぞれ固有の属性としてそなわっており、それが三原子体の状態で知覚されることになる。こうして、原子から、地・水・火・風が生じ、感官をともなった身体も生じ、全世界が生じるのである。

しかし、実体である原子が永遠不変であるのと同様に、これらの属性も不変である。原子どうしが結合したからと言って、属性に変わりはない。それら自体が変化することはないとされるのである。

しかし現実には、たとえば冷たい水も火に近づければ熱くなる。どうして、世界を構成する諸事物においてこうした変化が起こるのか。因中無果論によれば、冷たさを属性とする水の三原子体の集まりと、熱さを属性とする火の三原子体の集まりが結合し、混じり合った結果、冷たい水が熱くなったのだと説明される。

地・水・火・風の原子にそれぞれ固有の属性を認めるというこの発想は、ヴァイシェーシカ派独自のものであろう。古代インドの原子論（唯物論）については、ウッダーラカ・アールニの思想のうちに、すでに萌芽的に現れていることを、そして、アジタ・ケーサカンバリンやパクダ・カッチャーヤナが原子論を説いていたことをここまでに見た。それらに比べれば、ヴァイシェーシカ派の原子論の体系は、はるかに完成したものであるように思える。そしてこのような学説の体系化は、六世紀に現れたプラシャスタパーダによってなされたと言われている。

存在性という普遍

そこで、前講でも取り上げた「存在と非存在のディレンマ」の問題について、ヴァイシェーシカ派の立場から考えてみることにしよう。土から壺を作り出すという場合、いったいどの段階でそれを「壺」と呼ぶことができるのか。いったいいつ「壺がある」と言えるのか。これが問題であった。

問題をもっと抽象化すれば、ものが「存在している」と言えるのは、いつどの段階からかということになる。もし、人に「仏性」がそなわり、壺に「壺性」がそなわったときに、それが「仏」となり、「壺」となるというのであれば、それと同じように、ものが「存在している」と言えるのは、それに「存在性」がそなわったときであるということになるが、果たしてそれは正しいだろうか。ここで議論されるのは、このような問題である。

プラシャスタパーダは、その著『諸範疇の性質についてのまとめ(パダールタ・ダルマ・サングラハ)』において、先に挙げた六種の範疇のうち実体・属性・運動の三つが、「存在性(サッター)」という普遍と結合することによって、「存在している」と理解されることになると言っている(第二章第三節および第一〇章)。

これを単純に理解すれば、「存在性」がそなわることによって、「存在」となる、と言っていることになるだろう。そして、もしそうならば、「まだ存在していないものが、どうして存在性をそなえられるのか」という批判が、この主張に対して即座に提出されるはずである。事実、シャンカラは、第7講に見た『ブラフマ・スートラ』二・一・一八に対する注釈の続きで、まさにこの批判を行っていたわけである。

しかし、実はこの批判はヴァイシェーシカ派には当たらない。実体と属性と運動は、われわれが日常生活で実際に直接経験し、認識している三つの原理的な範疇である。それらに共通して存在しているのが、「存在性」という普遍である。

「存在性」という普遍が常にそこに存在しているから、それが「存在している」という理解(観念)がわれわれにもたらされるのである。われわれが、それを「存在している」と理解したそのときに、「存在性」が生じるわけではないのである。そして、それが、「存在している」という理解(観念)をわれわれにもたらすということは、それがまさに実際に「存在している」ということに他ならない。

このようにヴァイシェーシカ派は、徹頭徹尾、実在論である。観念があり、言葉があり、概念がある限り、それらが指し示す対象はすべて実在するのである。「普遍性を普遍者として永遠不変の外的実在に仕立て上げた人は、……プラシャスタパーダである」(井筒俊彦『意識と本質』)と言われているが、まさにその通りである。ヴァイシェーシカ派は、後には、「非存在」さえも、そこに観念がある限り実在であると認め、それを七番目の範疇として加えたのである。

バルトリハリのときに考えてみた、スクリーンとプロジェクターの喩えを使うならば、ヴァイシェーシカ派の考える世界は、スクリーンだけが存在し、そこに映るすべてのものが実在なのである。スクリーンの他には何も存在しない。スクリーンを生み出すブラフマンのような根本原因もなければ、人間の意識という独立したプロジェクターも存在しないのである。

シャンカラによる批判

ところで、先に見た世界創造時の原子の結合集積の説明は、シャンカラが『ブラフマ・スートラ』(二・二・一二)においてヴァイシェーシカ説として示したものである。実は、この説明に対応するプラシャスタパーダ『諸範疇の性質についてのまとめ』の箇所は、神話的な様相を帯びている。同書において述べられる範疇論が、非常に論理的で体系的なものであるだけに、そのギャップは奇妙である。この問題については次に述べることとして、ともかく、シャンカラの論述は、反論のための説明であるにしても、簡明で、プラシャスタパーダの考えの骨子を正確に示している。その上で、シャンカラはこの考えを批判するのである。

批判は、プラシャスタパーダが、「原子に不可見力によって運動が生じ、その運動が原子を結合させる」とした点に向けられる。シャンカラは、(一)運動には、なんらかの動力因が必要であること、(二)不可見力が最初の運動の動力因だと言うが、知性のない不可見力が動力因として運動を原子に起こさせることはありえないこと、この二点を指摘して、「世界創造時に、原子に最初の運動は生じない。運動が生じないから、結合も生じない。結合が生じないから、すべての結果は生じない」と、その主張を批判したのであった。

シャンカラは、世界の創造には、知性のある動力因、つまり「神」が存在することが必要だと主張しているのである。

われわれは、第6講においてシャンカラの不二一元論を見たのだが、そこで主張されていたのは、ブラフマンの仮の現れとしての現象界の創造であった。そこでの最高位のブラフマンは、質料因であった。したがって、ここでシャンカラが言っている「神」、「知性のある動力因」は、ブラフマンを直接言うものではない。これまでの講義で見てきた下位のブラフマンたる「イーシュヴァラ」が、ここで言う動力因としての「神」にあたる。

そして、プラシャスタパーダが、世界創造時のこのイーシュヴァラについて語るのが、先ほど奇妙だと言った話に他ならない。ヴァイシェーシカ派の思想は、自然哲学の原子論から発展してきた。したがって、本来「神」について語る必然性は全くないはずである。それだけに、やはりどうしようもなく奇妙なのである。

イーシュヴァラの登場

その話は、『諸範疇の性質についてのまとめ』第五章で語られる。第四章で、地・水・火・風の四元素について語った後に、この話は置かれており、「ここで、いまから、四元素の創造と帰滅の仕方が語られる」という言葉ではじまる。続く第六章は、残りの実体である虚空・時間・空間・アートマン・意識についての説明であるから、いかにも途中で挿入された感じのする章である。第五章全体は三つに分けることができる。最初の部分では、世界の帰滅が語られる。

ブラフマー(梵天)時間の一〇〇年(ブラフマー神の一生の長さで、人間時間で三一三兆五二八三億二〇〇〇万年にあたるとされる)が終わり、そのときのブラフマー神が帰滅するにあたって、全世界の主である大イーシュヴァラには、輪廻に疲れた生きとし生けるものたちすべてに夜の安息を与えるために、帰滅したいという気持ちが生じる。それと同時に、すべてのアートマン(個我)にそなわる、身体と感官と「その対象となっている」諸元素を作り出すものである、諸々の不可見力の活動が停止する。すると、大イーシュヴァラの願望と「すべてのものたちの」アートマンと諸原子との結合から生じた運動によって、身体と感官の原因である諸原子に分離が生じ、その分離によって［それらの間の］結合が停止する。すると、それらは消滅して、原子の状態に至るのである。このように、地・水・火・風の元素も、まさにこの順序によって、次々と前のものから消滅していく。その後、諸原子はそれぞれ分離して存続する。アートマンも罪過と功徳という潜勢力（つまり、業の不可見力）を内在させて、［諸原子が存続するのと］同じ期間存続する。

（『諸範疇の性質についてのまとめ』第五章）

次いで、世界の創造が、語られる。

それから、再び、生きとし生けるものたちを養育するために［世界を］創造したいという気持ちが、大イーシュヴァラに生じる。すると直後に、すべてのアートマンにそなわっている不可見力が運動を開始し、そのおかげで［アートマンと諸原子との］結合が生じ、それらによって、風の諸原子に運動が生じる。

（同）

この後は、先に説明したように、粗大な風が生じ、水が生じ、地が生じ、火が生じるということが語られる。さらにこの章の最後の三分の一では、よりいっそう神話的な話が続く。

このように四つの元素が生じたとき、大イーシュヴァラの念力だけによって、火の諸原子とそれにともなわれた地の諸原子から、大きな［黄金の］卵が作り出される。そこに、蓮の花のような四面をもつ、全世界の父祖であるブラフマーを、全世界とともに、［大イーシュヴァラは］生み出して、［ブラフマーに］生類を創造することを命じる。……　（同）

最後の部分は、ヒンドゥー教の神話や伝説を伝える「プラーナ」と呼ばれるテキストなどに見られる宇宙創造の話であって、もはや原子論でも自然哲学でもない。これが果たして本当にプラシャスタパーダによって書かれたものかと、疑ってしまいそうである。

なぜイーシュヴァラが現れたのか

しかし、この神話的な様相を帯びた話をよく読むと、まるでシャンカラからの批判に答えるかのような叙述になっていることがわかる。シャンカラの批判の要点は、「知性のない不可見力が動力因として運動を原子に起こさせることはありえない」というものであった。それに答えるかのように、プラシャスタパーダは、動力因としての大イーシュヴァラについて語り、知性をもつアートマン（個我）に不可見力を帰属させているのである。

もちろんプラシャスタパーダの方が、シャンカラよりも二〇〇年ほど前の人物であるから、歴史的にはそういうことはありえない。シャンカラが、意図的にこの部分を隠して、プフシャスタパーダを批判したのかもしれない。あるいは、この部分は、シャンカラからの批判を受けた後の時代に、挿入されたものかもしれない。

しかし、シャンカラによる批判は正当なのである。本来のヴァイシェーシカ派の思想には、イーシュヴァラの存在は必要なかったはずである。実際、『ヴァイシェーシカ・スートフ』には、その姿は現れない。しかし、ある時期、ある段階で、ヴァイシェーシカ派は、イーシュヴァラという神を、その体系中に導入したのである。なぜだろうか。

イーシュヴァラについて、第3講、第5講、第6講で出会ってきた。第6講におけるイーシュヴァラは、シャンカラによって、下位のブラフマンとして位置づけられた。第3講で、ドラウパディーの嘆きの言葉のなかに見られたイーシュヴァラは、人の運命を弄ぶ圧倒的な神であった。しかし、第5講では、そのイーシュヴァラも、業の力には勝てないものとされていた。このようなイーシュヴァラをめぐる議論は、一世紀はじめの頃から盛んになされていたと思われる。そして、龍樹は、イーシュヴァラを世界の創造者とすることに対して批判を加えているから、二世紀には、すでに創造神イーシュヴァラのイメージはできあがっていたであろう。

ちょうどその頃に作られた、ニヤーヤ派の『正理経』にも、イーシュヴァラについての議論の跡が残されているので、それを見ていくことにしよう（以下の議論では、イーシュヴァラを指して「神」と言うことにする）。

（主張）神が原因である。人間の行為には、結果を生じないことがあることが経験されるから。

（反論）そうではない。〔人間の行為が原因である。〕人間の行為がなければ、結果は生じないから。

（立論）〔人間が行為の結果を得るのは、〕それ（神）によって、そう行為させられたものであるから、〔反論の理由は、〕正しい理由ではない。〔したがって、われわれの最初の主張が正しい主張である。ゆえに、神が原因である。〕

（『正理経』四・一・一九―二一）

努力したのに、結果が実を結ばないのは、いったい誰のせいなのか。自分のせいか、誰かが邪魔をしたからか。邪魔をしたのは、神か人間か。あるいは、とても困難な仕事であったのに、ようやく完成に近づいた。うまくいったのは誰のおかげか。自分が頑張ったからか、誰かが助けてくれたからか。助けてくれたのは、神か人間か。右の『正理経』の議論の背景には、このような疑問があった。

『正理経』では続いて、「無原因から、ものは生じる」(四・一・二二)という説が提示されている。第3講ですでに見た無因説である。これも併せて考えれば、ここには、イーシュヴァラ説、業(カルマ)(自分の行為の結果は自分が受けとる)説、そして無因説(決定論)が、並んでいることになる。そして、そのうえでここではイーシュヴァラ説を支持する立証がなされているのである。

『正理経』には、ヴァーツヤーヤナ(五世紀)による『正理注解』がある。さらにこの『正理注解』に対しては、ウッディヨータカラ(六世紀後半)の注釈『正理評釈』があり、さらにそれには、ヴァーチャスパティ・ミシュラ(一〇世紀)の『正理評釈注』があり、さらにはウダヤナ(一一世紀)の『正理評釈注解明』がある。時代を追って書き継がれたこれらの注釈を読めば、インド思想史における神観念の変遷が読み取れるかもしれない。そこで、以下では、それらの注釈の要点を追ってみることにしよう。

神の助け

まず、『正理注解』である。

この世の中で懸命に努力している人が、必ずしも常に［その人の］懸命な努力の結果を受けとるわけではない。それゆえ、次のように推論される。［その人の］諸行為の結果の享受は、誰か他の者に依存しているのだと。それが依存しているその者が、神である。それゆえに、「神が原因である」。（一九）［問］もし結果の生起が、神に依存するのであれば、人間は懸命に努力しなくても、結果がもたらされるということになるだろう。［答］神は、人間の行為を助けるのである。結果のために努力している人間に対して、神は、結果を成就させるのである。神が成就させなければ、人間の行為の結果は存在しない。それゆえ「神によって、そう行為させられたものであるから」（二一）、「人間の行為がなければ、結果は生じないから」（二〇）は、「正しい理由ではない」（二一）のである。

（『正理経』四・一・一九―二一に対する『正理注解』）

人間に行為させるのは、神である。それすなわち、「神は、人間の行為を助ける」ということだと、ヴァーツヤーヤナは言うのである。しかし、この「神は、人間の行為を助ける」という表現は微妙である。「助け（アヌグラハ）」という語は、「妨げ（ヴィグラハ）」という語と対になって『マハーバーラタ』にも現れてくる語で、古い用例では神に限って使われるわけではなく、「友の援助」、「敵の妨害」という風にも使われている。

しかし、後のヴェーダーンタ思想になると、「アヌグラハ」は、もっぱら「神のご加護」や「恵み」、「恩寵」の意味を表し、これに対して「ヴィグラハ」は、「神による処罰」の意味で、「人に罰《ばち》を与えて解脱させないこと」を意味するようになる。仏教における「摂受《しょうじゅ》」と「折伏《しゃくぶく》」の対概念も、これの発展したものである。

いずれにせよ、なんらかの結果を受けとった者が、「〜のおかげで……」と言う場合に、よい結果がもたらされたときには、それを「アヌグラハ」だと思い、よくない結果がもたらされたときには、それを「ヴィグラハ」だと思うのである。そして、もともとは一般的に使われていたこの語が、もっぱら神に対して使われるようになって、ヴェーダーンタ思想では、特にそれが神の力として強調されるようになったのであろう。

そこで目下の『正理注解』の文章にもどると、ここでの「神の助け」は、「アヌグラハ」が神と結びついて使われた比較的早い例ということができるだろう。したがって、後の時代に見られるような「神の恩寵」といった強い観念は、まだないと思われる。あるいはそのような観念が育ちつつある段階にあると言うべきだろう。つまり、人間の行為の結果に対して、全面的な責任を負うというような絶対的人格神の相貌はここにはまだないのであって、なにかしら頼りない神の姿のように思える。

人間は行為をすれば、その行為の結果を必ず自ら引き受けなければならない。この有無を言わせぬ機械的な因果応報が「業（カルマ）の理法」である。第5講で見たように、この理法の前では、「神力も業力に勝たず」というのが実情であった。しかし、ヴァーツヤーヤナは、そこに神の助けがはたらくことを認めはじめているのである。

神は動力因である

この点について、この『正理注解』にさらに注釈をつけたウッディヨータカラは、もう少し明確に言明している。

［人間の］行為（業）に無関心な神が、［世界の］原因であると、われわれは言わない。そうではなくて、神は、人間の行為を助けるのである。［問］「助け」とはどういう意味か。［答］［神は、］その人の行為が果報としてちょうど熟す（結果として生じる）そのときに、それ（行為の結果）を、正しく事実に基づいて、配分するということである。神は、原因（質料因）であって、人間の行為には無関心であるなどと考える者は、けっして解脱できないということになる。しかし、神は、［人間の］行為に関心をもつと考えるならば、その者はそのようなことにはならない。

（同右に対する『正理評釈』）

神が、業(カルマ)のはたらきに対して、公平な配分を保証する正義としてはたらきかけるということが、「助け」の意味だというのである。「正しく事実に基づいて」というのは、神の知的な判断であるから、ウッディヨータカラの考えでは明らかに、神は、「業の理法」に介入している。

しかし、業のはたらきを全く無効にしようとするものでもない。行為をし、その結果を自ら引き受けるのが人間であるということを認めた上で、人間の行為を助けるのが神だと言うのである。そして、ウッディヨータカラは、次のように続ける。

「[神によって、]そう行為させられたものであるから」(『正理経』二一)と、このように言うことによって、神は動力因(ニミッタ・カーラナ)であるということが認められているのである。……神が動力因であるならば、世界の直接的な質料因は何であるのか。地など(地・水・火・風)の最も微細な実体である「原子(パラマ・アヌ)」と呼ばれるものである。(同)

この後、ウッディヨータカラは、「何が動力因であるかに関しては、様々に異なった見解が立てられている。ある者は「時」を言い、ある者は「神(イーシュヴァラ)」を言い、ある者は「プラクリティ」を言っている。このような異なった見解のうちで、どれが正しいか。「神」こそが正しい。なぜなら、その場合に限って正しい認識が完全にはたらくからだ」と言った上で、注釈としては異例の長さの「動力因論」を展開している。

その議論を紹介する余裕はここにはないが、「時」についても、「プラクリティ」についても、われわれはすでに見てきたところであり、それらが、動力因、あるいは原因として、論じられるべき資格があるということは、理解できるであろう。

神力と業力のせめぎ合い

そして、ウッディヨータカラは最後に、「神が原因(動力因)であるというこの主張については、聖典にも説かれている」と言って、次の二つの詩節の引用でそこでの長大な注釈を終えるのである。

> これなる人間というものは、無知であり、自分自身の幸も不幸も自分ではどうすることもできません。イーシュヴァラにせき立てられて、天国へ、また地獄へと行かねばなりません。
>
> (『マハーバーラタ』三・三一・二七)

かの神が目覚めると、この世界が活動する。安心して眠ると、一切も眠る。

（『マヌ法典』一・五二）

一番目の詩節をみなさんは覚えているだろうか。そう、第3講で見た、神の横暴に苦しむドラウパディーの嘆きの言葉である。そこでは、この詩節は、気まぐれな神の仕業を非難する言葉であったはずである。その言葉を、ウッディヨータカラは、神がすべての動力因であることを語る言葉として引用しているのである。

つまり、ここで見てきた『正理経』に基づくニヤーヤ派の立場からすれば、この詩節は、神の横暴を嘆く言葉ではなく、神が人間の行為を考慮して、公平正当な結果を配分する絶対的な力をもつものであることを言う聖典の言葉として示されているのである。

ドラウパディーは、圧倒的な神の力を嘆いた。一方、「神力も業力に勝たず」とは、業の力の前では神の力も及ばないことを言うものであった。そしていま、われわれは、神の力が業の力に介入し、それを制御するようにはたらく姿を見ているのである。

もともと創造神の存在とも業の理法とも関係のない、自然学のヴァイシェーシカ派や論理学のニヤーヤ派の思想のうちに、神が登場して来た理由は、おそらくここにあるのである。先にふれたように、業のはたらきを「不可見力」として体系内にとり入れなければならなかった彼らは、「神の力」を、それと対抗する力として取り込んだのであった。

時代が下って、ヴァーチャスパティは、神の慈悲について長々と注釈し、ウダヤナは本格的な神の存在論証を『論理の花房(ニヤーヤ・クスマーンジャリ)』において行っている。それらを論じれば、優にもう一冊の本となるだろう。インド哲学のなかの形而上学、それも「存在」の問題を扱うと宣言して進めてきた講義であったが、こうしてみると「神」と「業」の問題が常につきまとっていたことがわかる。

しかし、存在論が、最も根源的な存在者を問うものであれば、それも当然のことである。インド哲学においては、神は、もし存在するならば、世界の創造者として、存在を基礎づけるものであるし、業は、仮にあればだが、世界を動かしている根本原理だからである。

以上で、存在をめぐるインド哲学の講義を終える。

あとがき

いまこうして全一〇回の講義を終えてみて、教室でこれまで行ってきた実際の講義に比べてずっとうまくできたのではないかと思っています。最初に言ったように、この新書をインド哲学の概説にしたくはありませんでした。それでも、全一〇回の講義としてテーマを並べてみたときには、ある程度まで概論的な叙述になることはやむをえないと思っていました。ただ、その場合でも、インド的な思考の文脈に従って議論を展開し、各講が繋がるようにしたいと思っていました。そこで、これも最初に言ったように、テーマを選ぶに当たってはジャイナ教のテキストである『観点車輪』を参考にすることにしました。

『観点車輪』の何を参考にしたかと言いますと、思想を扱う方法です。『観点車輪』というテキストの内容そのものは、実際にはこの講義ではほとんど使いませんでした。講義の前半の特に第3、4、5講あたりでわずかにその影が見える程度です。私が、『観点車輪』から学んでこの講義に実際に活かしたのは、思想を扱うにあたって見方を変えていくという方法です。あるいは「ずらす」と言ったほうがいいかもしれません。つまり、ある枠組みのうちで語られた事柄を、次に別の観点から見直す、ずらして見るということを連鎖的に繰り返して行くという方法です。前の講義で述べた主題を、次の講義では別の観点から見直してみる。それを連続的に続けるという方法です。これが案外うまくいったのではないかと、いま思っているところです。

もちろん、そのようにある種の連続性を求めた結果として、抜け落ちてしまった主題もたくさんあります。最初にも断ったように、この新書では、「存在」に関わる哲学的な問いを扱いました。その結果、「正しい生き方」の問題、つまり倫理の問題、インド的に言えば、ダルマに関わる問題は、ほとんど論じられませんでした。

実は、インド哲学における私の専門は、認識論と論理学、そして言語哲学です。言語哲学については、本書でもバルトリハリの思想を論じることができましたが、認識論と論理学については、ほんのわずかしか触れていません。

また、最近の私の関心は、テーマとしては「意識」の問題に集中しています。学派としては、ジャイナ教です。特にジャイナ教の哲学者によって展開された知覚論と彼らによる仏教の知覚論に対する批判が目下の研究の中心になっています。こういった諸々の問題については、本書では全くふれることができませんでした。今年で大学での停年を迎える私ですが、この新書では扱えなかったこれらの諸問題に関しては、今後も考察を続けていきたいと思っていますので、いずれ披露する機会もあると思います。

これら論じ残した問題も含めて、さらに深くあるいは広く知りたい、考えたいと思っておられる皆さんのために、各講で論じた話題に関連する文献の案内を巻末に付しました。

新書編集部の杉田守康さんには、今回もまたお世話になりました。編集者として、また各講の最初の読者として、多くの貴重な示唆を頂きましたし、曖昧にしか考えていなかったことについて鋭い質問も飛んできました。ペースメーカーとして引っ張って頂いたことにも感謝しています。また、校閲を担当してくださった方にも感謝します。思ってもみなかった不注意に気づかせてもらいました。おかげで、ひとつの区切りの時期に、私の終生の課題である「インド哲学」についての新書を書き上げることができました。心よりお礼を申し上げます。

二〇一八年二月

赤松明彦

略年表

（本書の主な登場人物と関連事項）

（　）内の略号は学派名．B＝仏教，J＝ジャイナ教，M＝ミーマーンサー派，N＝ニヤーヤ派，S＝サーンキヤ派，Vai＝ヴァイシェーシカ派，Ve＝ヴェーダーンタ派，Y＝ヨーガ派．数字は，関連する本書の講義番号．＊は本書ではふれていない人物・事項．インド人の年代については，いずれもおおよその活動時期を示している．

B.C. 600	ヤージュニャヴァルキヤ(1)　ウッダーラカ・アールニ(1, 2, 3, 4, 5, 6, 7, 8, 9, 10)
500	＊タレス 『ブリハッド・アーラニヤカ・ウパニシャッド』(5)　『チャーンドーギヤ・ウパニシャッド』(1, 2, 3, 5, 6) ＊孔子
400	パルメニデス(2) エンペドクレス(1)　ソクラテス(2) マハーヴィーラ(J; 2, 3)　ゴータマ・ブッダ(B; 2, 3)　マッカリ・ゴーサーラ(アージーヴィカ教；2, 3)　アジタ・ケーサカンバリン(ローカーヤタ派；2) プラトン(2)
300	＊アリストテレス パーニニ(文法学派；8)　＊孟子
200	『シュヴェーターシュヴァタラ・ウパニシャッド』(3) ＊カーティヤーヤナ(文法学派)　アショーカ王の時代 サーンキヤ派の成立　初期仏教経典成立　『沙門果経』(B; 2, 3)
100	『スーヤガダンガ』(J; 3) パタンジャリ(文法学派；3, 8)　『マハーバーラタ』の原形が成立 ＊ジャイミニ(M) バーダラーヤナ(Ve; 6)

	『バガヴァッド・ギーター』の原形が成立
B.C.1	『ブリハスパティ・スートラ』(ローカーヤタ派；2)
A.D.1	
	『ヴァイシェーシカ・スートラ』(Vai; 10)　＊『ミーマーンサー・スートラ』(M)
	『バガヴァッド・ギーター』が現在の形で完成(4, 7)
100	
	大乗仏教が起こる
	アシュヴァゴーシャ(馬鳴)(B; 3)　アーリヤ・シューラ(B; 5)　カニシュカ王統治
	ナーガールジュナ(龍樹)(B; 2, 8)
200	『ニヤーヤ・スートラ(正理経)』(N; 3)
	＊プロティノス
300	
	＊アウグスティヌス　＊鳩摩羅什(B)
	ヴァールシャガニヤ(S; 7)
400	カーリダーサ(詩聖；3)　『マハーバーラタ』が現在のような形で確定(3, 5, 10)
	ヴァーツヤーヤナ(N; 5, 10)　『ブラフマ・スートラ』(Ve; 6, 7, 8, 10)
	『ヨーガ・スートラ』(Y; 4)
	ヴァスバンドゥ(世親)(B; 7, 8)
	イーシュヴァラクリシュナ(S; 4)
500	バルトリハリ(文法学派／Ve; 6, 8, 9)
	ディグナーガ(陳那)(B; 8)
	マッラヴァーディン(J)　シンハスーリ(J)
	シッダセーナ・ディヴァーカラ(J; 3)
	プラシャスタパーダ(Vai; 5, 10)
600	ウッディヨータカラ(N; 5, 10)

	クマーリラ(M; 5, 8)　ダルマキールティ(法称)(B; 3, 8)　＊ハルシャ王の統治
	チャンドラキールティ(月称)(B; 3, 8)　＊玄奘(B)
	ガウダパーダ(S; 3)／ガウダパーダ(Ve; 6)
700	義浄(B; 8)
	シャンカラ(Ve; 1, 6, 7, 8, 9, 10)
	＊シャーンタラクシタ(B)
	＊カマラシーラ(B)
	バースカラ(Ve; 6, 7, 8, 9)
800	空海(B; 7)
	ジャヤラーシ(ローカーヤタ派；2)
	『ゴーマッタサーラ』(J; 3)
900	
	シュリー・ヴァイシュナヴァ派の成立(7)
	ヴァーチャスパティ・ミシュラ(N; 10)
1000	
	ウダヤナ(N, Vai; 10)
1100	
	ラーマーヌジャ(Ve; 6, 7, 8, 9)
1200	
	道元『正法眼蔵』(B; 9)
	マドヴァ(Ve; 6, 7, 8, 9)　＊トマス・アクィナス　無住『沙石集』(B; 5)
1300	
	ヘーラーラージャ(文法学派；8)
1400	

読書案内

本書を執筆するにあたって引用したり参考にした文献とともに，さらに進んで学びたい方のための文献を紹介しておきます．なかには絶版や品切れになっているものもありますが，古書で比較的容易に入手できるものも多くあります．

序　章

インド哲学史の概論としては，中村元『インド思想史』(第2版，岩波全書 213，岩波書店，1968年)や，金倉圓照『インド哲学史』(平楽寺書店，1962年)があります．また，早島鏡正ほか『インド思想史』(東京大学出版会，1982年)や，J. ゴンダ『インド思想史』(鎧淳訳，冨山房，1981年．中公文庫，1990年．岩波文庫，2002年)は，原典からの引用を交えながらコンパクトに，インド哲学の諸テーマの史的展開について述べています．またテーマ別の概論として，村上真完『インド哲学概論』(平楽寺書店，1991年)があります．さらに，「自己と宇宙の同一性の経験」の問題にテーマを絞って哲学史的に深く掘り下げた議論をしているのが，立川武蔵『はじめてのインド哲学』(講談社現代新書，1992年)です．

また，インド哲学の各派の原典からその最も重要なものを選び，信頼できる抜粋訳を示したものに，長尾雅人責任編集『世界の名著1 バラモン教典・原始仏典』(中央公論社，1969年．のち中公バックス，1979年)があります．本書の論述にあたっても，しばしばこれを参考にさせてもらいました．またインド思想全般を思想史的観点とテーマ別観点の両方から専門的に論じた論考を集めたものとして，『岩波講座 東洋思想』の第5・6・7巻(以上インド思想)，第8・9・10巻(以上インド仏教)があります．また，ドイツ語ですが，インド哲学史の名著として定評があるのが，ウィーン大学の教授であったフラウヴァルナーの次のものです．Erich Frauwallner, *Geschichte der indischen Philosophie*(2巻本，ザ

ルツブルク，1953・1956 年）．

「正しい生き方」（ダルマ）については，次のものがあります．渡瀬信之訳『サンスクリット原典全訳 マヌ法典』（中公文庫，1991 年．平凡社東洋文庫，2013 年）．あるいは，田辺繁子訳『マヌの法典』（岩波文庫，1953 年）．また，渡瀬信之『マヌ法典――ヒンドゥー教世界の原型』（中公新書，1990 年）が参考になります．

第 1 講

ヴェーダとウパニシャッドに関しては，まず原典からの翻訳として，辻直四郎訳『リグ・ヴェーダ讃歌』（岩波文庫，1970 年），同『アタルヴァ・ヴェーダ讃歌――古代インドの呪法』（岩波文庫，1979 年），岩本裕訳『原典訳 ウパニシャッド』（ちくま学芸文庫，2013 年．『世界古典文学全集』3，1967 年刊所収の文庫化），服部正明訳「ウパニシャッド」（『世界の名著』1 所収）などがあります．また，概説書としては，服部正明『古代インドの神秘思想――初期ウパニシャッドの世界』（講談社学術文庫，2005 年．講談社現代新書，1979 年刊の再版），松濤誠達『人類の知的遺産 2 ウパニシャッドの哲人』（講談社，1980 年），針貝邦生『ヴェーダからウパニシャッドへ』（清水書院，2000 年），前田專學『インド思想入門――ヴェーダとウパニシャッド』（春秋社，2016 年）などがあります．さらに，上村勝彦・宮元啓一編『インドの夢・インドの愛――サンスクリット・アンソロジー』（春秋社，1994 年）にも，原典からの翻訳が収められています．さらに一般向けの学術書でありながら学問的水準の高いものとしては，辻直四郎『インド文明の曙――ヴェーダとウパニシャッド』（岩波新書，1967 年）と，同『ウパニシャッド』（講談社学術文庫，1990 年．1942 年にラジオ新書の 1 冊として日本放送出版協会より出版されたものの改訂増補版）があります．後者には，『チャーンドーギヤ・ウパニシャッド』第 6 章の全訳が収められています．

欧米語によるヴェーダやウパニシャッドの翻訳研究には多くのすぐれたものがありますが，ここでは次の 2 つだけを挙げておきます．ひとつは，第 3 講の本文中でもその名前を挙げているパウ

ル・ドイセンのもので，ドイツ語の原著は 1897 年に出版されています．Paul Deussen, *Sixty Upaniṣads of the Veda*. translated from German by V. M. Bedekar and G. B. Palsule（デリー，1980 年）．もうひとつは，比較的新しいもので，Patrick Olivelle, *The Early Upaniṣads: annotated text and translation*（ニューヨーク，1998 年）です．

「哲学のはじまり」に関しては，野田又夫『哲学の三つの伝統 他十二篇』（岩波文庫，2013 年）を参照しました．

第 2 講

6 人の思想家（「六師外道」）たちについて述べる『沙門果経』については，長尾雅人訳「出家の功徳（沙門果経）」（『世界の名著』1 所収）を参照しました．ブッダやマハーヴィーラが活動した時期の思想状況について知るには，中村元『中村元選集［決定版］第 10 巻 思想の自由とジャイナ教』（春秋社，1991 年）や，山崎守一『沙門ブッダの成立——原始仏教とジャイナ教の間』（大蔵出版，2010 年）が，参考になります．初期のジャイナ教の聖典については，Hermann Jacobi, *Jaina Sūtra, Translation of the Uttarādhyayana Sūtra and the Sūtrakṛtāṅga Sūtra*（東方聖典叢書 45，1895 年）を参照しました．

チャールヴァーカの思想を本格的に扱ったものとしては，生井智紹『輪廻の論証——仏教論理学派による唯物論批判』（東方出版，1996 年）があります．また，ジャヤラーシの懐疑論とその著『タットヴァ・ウパプラヴァ・シンハ』については，金倉圓照『インドの自然哲学』（平楽寺書店，1971 年）において「インド唯物論の新資料と仏教」として，その概要が紹介されています．本書で使用したテキストと参照した英訳は次のものです．Eli Franco, *Perception, Knowledge and Disbelief: A Study of Jayarāśi's Scepticism*（シュツットガルト，1987 年．第 2 版，1994 年）．

ここで，インドの認識論と論理学に関する入門書的な本も紹介しておきます．もっとも手頃な入門書は，モークシャーカラグプタ『論理のことば』（梶山雄一訳，中公文庫，1975 年）です．これ

は11世紀頃にインドで作られた最後の仏教論理学書『タルカ・バーシャー』の原典翻訳です．掌編ですが，仏教だけでなくインド哲学史のなかで認識論と論理学がどのような問題群によって構成され，いかなる構造をもつものであったのかが理解できます．同じものは『世界の名著2 大乗仏教』(中央公論社，1967年．中公バックス，1978年)にも収められています．またこれには，詳しい注釈がついた英語版があります．Yuichi Kajiyama, "An Introduction to Buddhist Philosophy: An Annotated Translation of the Tarkabhāṣā of Mokṣākaragupta"(『京都大学文学部研究紀要』10所収，1966年)．京都大学学術情報リポジトリであるKURENAI, http://hdl.handle.net/2433/72933 からダウンロードすることができます．また，松尾義海『印度論理学の構造』(秋田屋，1948年．改訂増補版，1984年)は，これも『タルカ・バーシャー』という原典の翻訳研究ですが，こちらは，ニヤーヤ派とヴァイシェーシカ派が統合した後の16世紀のケーシャヴァミシュラが著したものです．古典ニヤーヤ派の論理学から発展したものですが，インド論理学の全体の構造を知ることができます．この他，『シリーズ大乗仏教9 認識論と論理学』(春秋社，2012年)などに収められた諸論考があります．

第3講

『シュヴェーターシュヴァタラ・ウパニシャッド』第1章に関しては，次の論文を参考にしています．Thomas Oberlies, "Die Śvetāśvatara-Upaniṣad: Einleitung—Edition und Übersetzung von Adhyāya I"(*WZKS*, 39，1995年，61-102頁)．

マッカリ・ゴーサーラの思想と決定論については，渡辺研二『ジャイナ教 非所有・非暴力・非殺生――その教義と実生活』(論創社，2005年)に，比較的詳しく紹介されています．この本は，ジャイナ教の聖典・教義・教団についての入門書としてもすぐれています．

『マハーバーラタ』については，上村勝彦訳『原典訳 マハーバーラタ』1-8(ちくま学芸文庫，2002-2005年)があります．残念

なことに訳者の急逝により未完に終わっていますが，「ドラウパディーの悲嘆」は，その全体が第3巻に翻訳されています．また，ルードルフ・オットー『インドの神と人』(立川武蔵・希代子訳，人文書院，1988年)には，補説として「隠れたる神と献信者の神」という，この「ドラウパディーの悲嘆」を扱った論考が収められています．アシュヴァゴーシャ『ブッダの生涯』には，原実訳『大乗仏典13 ブッダ・チャリタ(仏陀の生涯)』(中央公論社，1974年．中公文庫，2004年)と，梶山雄一ほか編『原始仏典10 ブッダチャリタ』(講談社，1985年)があります．

時間論は，インド哲学の重要なテーマのひとつですが，根源としての「時」の観念以外については本書で論じることはできませんでした．ヴァイシェーシカ派は，時間を実体のひとつに数えて空間とともに論じ，龍樹は空の立場からその存在を否定しています．龍樹の『中論頌』については，桂紹隆・五島清隆『龍樹『根本中頌』を読む』(春秋社，2016年)を挙げておきます．これには信頼できる原典の翻訳とともに，最新の研究成果が述べられています．時間論は，その第19章「時間の考察」です．本書で見た「時」説の詩節は，その第19章第5詩節に対するチャンドラキールティの注釈『明らかなことば(プラサンナ・パダー)』のうちに引用されています．

第4講

『サーンキヤ頌』の翻訳としては，服部正明訳「古典サーンキヤ体系概説」(『世界の名著』1所収)，またガウダパーダ注の訳と解説を加えたものとして，宮元啓一『インドの「二元論哲学」を読む――イーシュヴァラクリシュナ『サーンキヤ・カーリカー』』(春秋社，2008年)があります．サーンキヤの哲学体系の全体は，村上真完『サーンクヤの哲学――インドの二元論』(平楽寺書店，1982年)によって知ることができます．『ユクティ・ディーピカー(道理の灯明)』については，テキストは，*Yuktidīpikā: The Most Significant Commentary on the Sāṃkhyakārikā*. Critically edited by Albrecht Wezler and Shujun Motegi(第1巻，シュトゥ

ットガルト，1998年）を参照しました．また，茂木秀淳「avibhāgād vaiśvarūpyasya（SK15）をめぐって」（『印度学仏教学研究』第43巻第1号所収，1994年）を参考にしました．

『バガヴァッド・ギーター』の翻訳は，上村勝彦訳『バガヴァッド・ギーター』（岩波文庫，1992年）などがあります．また，『バガヴァッド・ギーター』の成立と内容，文化史的な事柄については，赤松明彦『『バガヴァッド・ギーター』――神に人の苦悩は理解できるのか？』（書物誕生――あたらしい古典入門，岩波書店，2008年）が参考になります．

古典ヨーガの体系については，本書では詳しく述べることができませんでした．次の2書は，ともに宗教学者の手になるものですが，一般の人にも近づきやすく書かれたすぐれた本です．ミルチャ・エリアーデ『ヨーガ』1・2（エリアーデ著作集第9・10巻，立川武蔵訳，せりか書房，1975年）．岸本英夫『宗教神秘主義――ヨーガの思想と心理』（大明堂，1958年）．そして，エリアーデがインドにおいてヨーガを学んだときの師匠であるダスグプタの次の書も，ヨーガをインド哲学・宗教全体の体系のうちで理解するための好著です．S. N. ダスグプタ『ヨーガとヒンドゥー神秘主義』（高島淳訳，せりか書房，1979年）．

第5講

臨済宗の僧である無住《むじゅう》によって編まれた『沙石集』は，1279年に起筆され1283年に完成したとされますが，その後も無住自身によって加筆修正されたので，伝本には異本が多くあります．本書では，本文を，日本古典文学大系本の『沙石集』（渡邊綱也校注，岩波書店，1966年）に依拠しました．

パーリ語の『ジャータカ』の翻訳としては，中村元監修・補註『ジャータカ全集』（全10巻，春秋社，1982-1991年）があります．そのうち，第528話「マハーボーディ前世物語」は，片山一良訳で第8巻に収められています．また，アーリヤ・シューラ『ジャータカ・マーラー』の和訳には，干潟龍祥・高原信一『ジャータカ・マーラー』（講談社，1990年）があり，当該の話は第23章

「大菩提本生(出家行者本生)」にあります．なお，後期仏教における「無因説」批判の展開については，生井智紹「第Ⅳ章〈無因論〉と〈縁起説〉——後期仏教の〈因果論〉と〈無因論〉批判」(『輪廻の論証』所収)に論じられています．

ヴェーダの祭式行為に関わる観念として，本書では，「祭式と布施の効力」という原理に言及しましたが，この原理は，阪本(後藤)純子「iṣṭā-pūrtá-「祭式と布施の効力」と来世」(『今西順吉教授還暦記念論文集 インド思想と仏教文化』所収，1996年)が，詳しく明解に述べています．「輪廻と業」をめぐる観念の展開に関しては，井狩彌介「輪廻と業」(『岩波講座東洋思想 第6巻 インド思想2』所収，1988年)や，後藤敏文「「業」と「輪廻」——ヴェーダから仏教へ」(『印度哲学仏教学』第24号所収，2009年)が，主題的に論じています．本書で，このテーマに関して，特に参照したのは，すぐれたインド哲学者であったハルブファスの2つの論考です．Wilhelm Halbfass, “Competing Causalities: Karma, Vedic Rituals, and the Natural World”(*Tradition and Reflection* 所収，ニューヨーク，1991年)および，*Karma und Wiedergeburt im indischen Denken*(ミュンヘン，2000年)．

第6講

『ブラフマ・スートラ』とそれに対するシャンカラの注については，その全訳として，金倉圓照『シャンカラの哲学——ブラフマ・スートラ釈論の全訳』(上・下，春秋社，1980・1984年)があります．また，本書で論じた箇所に関しては，服部正明訳「不二一元論——ブラフマ・スートラに対するシャンカラの注解 二・一・一四，一八」(『世界の名著』1所収)を参照しました．

シャンカラの思想に関しては，シャンカラ『ウパデーシャ・サーハスリ——真実の自己の探求』(前田專學訳，岩波文庫，1988年)が，手頃な入門書的原典です．また，前田專學『ヴェーダーンタの哲学——シャンカラを中心として』(平楽寺書店，1980年)，島岩『シャンカラ』(清水書院，2002年．新装版，2015年)があります．また，先に第3講の読書案内で，宗教学者ルードルフ・オ

ットーの名前を出しましたが，彼には，『西と東の神秘主義――エックハルトとシャンカラ』(華園聰麿／日野紹運／J. ハイジック訳，人文書院，1993 年)という著作があります．原著は 1926 年に出版されました．シャンカラの哲学に対する比較宗教学からの高度な理解を示しています．

第 7 講

世親『倶舎論』については，本書で扱った第 5 章「随眠品」には，翻訳研究として次の 2 つがあります．小谷信千代・本庄良文『倶舎論の原典研究 随眠品』(大蔵出版，2007 年)．秋本勝『仏教実在論の研究――三世実有説論争』(上，山喜房佛書林，2016 年)．後者には原典のテキストも収められています．

空海の原典については，宮坂宥勝監修『空海コレクション』1・2(ちくま学芸文庫，2004 年)に拠っています．

ラーマーヌジャの思想については，松本照敬『ラーマーヌジャの研究』(春秋社，1991 年)において詳しく解明されています．また，同「ヴェーダールタサングラハの研究」(『インド古典研究』VIII，2003 年)は，原典テキストとその全訳です．また，服部正明訳「最高神とその様態――ラーマーヌジャ『ヴェーダの要義』(抄)」(『世界の名著』1 所収)は，同じ原典の抜粋訳です．ラーマーヌジャとマドゥヴァの宗教思想については，ヴィシュヌ教の観点から，徳永宗雄「ヴィシュヌ教諸派」(『岩波講座東洋思想 第 6 巻 インド思想 2』所収，1988 年)が論じています．

救済論に関わるヒンドゥー教史については，本書では簡単にしかふれることができませんでしたので，ラーマクリシュナ・G. バンダルカル『ヒンドゥー教――ヴィシュヌとシヴァの宗教』(島岩・池田健太郎訳，せりか書房，1984 年)を，その全体像を知るための概説書として挙げておきます．また，手頃な入門書としては，菅沼晃『ヒンドゥー教――その現象と思想』(評論社，1976 年)があります．

第 8 講

バルトリハリの思想については，その全体を研究したものとして，中村元『ことばの形而上学』(初期ヴェーダーンタ哲学史第 4 巻，岩波書店，初版 1956 年，第 3 刷 1981 年)をまず挙げることができます．『ヴァーキヤ・パディーヤ(文章単語論)』全 3 巻のうちの第 1 巻(詩節と自注)と第 2 巻(詩節のみ)を翻訳したものとしては，赤松明彦訳注『古典インドの言語哲学』(1，東洋文庫 637，平凡社，初版 1998 年，初版第 2 刷 2005 年)，同『古典インドの言語哲学』(2，東洋文庫 638，1998 年)があります．『ヴァーキヤ・パディーヤ』の詩節番号および本文のテキストについては，ラオ(Wilhelm Rau)の校訂テキストである *Bhartṛhari's Vākyapadīya: Die Mūlakārikās nach den Handschriften herausgegeben und mit einem Pāda-Index versehen*(ヴィースバーデン，1977 年)に従っています．また特に，同書第 3 巻「実体章(Dravyasamuddeśa)」については，ケンブリッジ大学のチャールズ・リ(Charles Li)によって管理されているウェブサイト(https://saktumiva.org/wiki/dravyasamuddesa/start)である The Dravyasamuddeśa of Bhartṛhari, with the Prakīrṇaprakāśa commentary of Helārāja に置かれている校訂テキスト，および写本情報，さらには各詩節に付けられた文献情報を参考にしました．

パタンジャリの『大注解書(マハーバーシュヤ)』における「アーデーシャ」の議論については，次の論文を参照しました．Madhav M. Deshpande, “Building Blocks or Useful Fictions: Changing View of Morphology in Ancient Indian Thought”(*India and Beyond*, edited by Dick van der Meij, ライデン／アムステルダム，1997 年)．

また，井筒俊彦『意識と本質——精神的東洋を索めて』(岩波文庫，1991 年)を引用しました．

第9講

バルトリハリについての参考文献については，先に示しました．井筒俊彦の用語である「付託(かぶせ)」については，井筒俊彦『超越のことば――イスラーム・ユダヤ哲学における神と人』(岩波書店，1991年)を参照しました．

道元の『正法眼蔵』については，水野弥穂子校注『正法眼蔵』(第1巻，岩波文庫，1990年)に拠りました．また，増谷文雄全訳註『正法眼蔵』(第2巻，講談社学術文庫，2004年)も参考にしています．

第10講

『ヴァイシェーシカ・スートラ』については，金倉圓照『インドの自然哲学』に翻訳があります．また，宮元啓一訳註，カナーダ編／チャンドラーナンダ註『ヴァイシェーシカ・スートラ――古代インドの分析主義的実在論哲学』(臨川書店，2009年)もあります．金倉圓照の同書には，プラシャスタパーダの『パダールタ・ダルマ・サングラハ』の翻訳も収められています．また，宮元啓一『インドの「多元論哲学」を読む――プラシャスタパーダ『パダールタダルマ・サングラハ』』(春秋社，2008年)も翻訳研究です．ヴァイシェーシカの哲学について，最重要な研究書をひとつだけ挙げるとすれば，Wilhelm Halbfass, *On Being and What There Is: Classical Vaiśeṣika and the History of Indian Ontology*(ニューヨーク，1992年)をおいて他にはありません．

インドにおける神(イーシュヴァラ)の観念の歴史的変遷と神の存在論証については，ヤコービの古典的名著があります．Hermann Jacobi, *Die Entwicklung der Gottesidee bei den Indern und deren Beweise für das Dasein Gottes*(ボン／ライプツィヒ，1923年)．この書は，早くに日本語に翻訳されています．ヘルマン・ヤコービ『印度古代神観史』(山田龍城他訳，大東出版社，1940年)．また，近年では，狩野恭「ウッデョータカラの主宰神論」(『神戸女

子大学教育学科研究会(教育学諸学研究論文集)』10 所収, 1996年)など, 狩野恭による一連の精力的な研究があります. また, 海外では, チェンパラティによる, これまた網羅的な一連の研究があります. George Chemparathy, *An Indian Rational Theology: Introduction to Udayana's Nyāyakusumāñjali*(ウィーン, 1972 年). また, 同, "The Īśvara doctrine of Praśastapāda" (*Vishveshvaranand Indological Journal*, 6 所収, 1968 年).

最後に, インド文化全般については, 次の 2 つの本を挙げておきます. ひとつは, インドに関心を持った学生に対しては, 原書とともに必ず読むように勧める本で, 邦訳名を『バシャムのインド百科』(日野紹運・金沢篤・水野善文・石上和敬訳, 山喜房佛書林, 2004 年)と言います. 原書は, A. L. Basham, *The Wonder That Was India: a survey of the culture of the Indian sub-continent before the coming of the Muslims*(初版 1954 年. その後多くの版が出版されています). もうひとつは, 『南アジアを知る事典』(平凡社, 1992 年)です.

また, 哲学用語については, インド哲学の用語も含めて『岩波哲学・思想事典』(岩波書店, 1998 年)が参考になります.

赤松明彦

1953年，京都府生まれ．1983年，パリ第3(新ソルボンヌ)大学大学院博士課程修了．
現在―京都大学名誉教授
専攻―インド哲学
著書―『『バガヴァッド・ギーター』――神に人の苦悩は理解できるのか？』(岩波書店)
『楼蘭王国』(中公新書)
バルトリハリ『古典インドの言語哲学』1・2(訳注，平凡社東洋文庫)
『東アジアの死刑』(共著，京都大学学術出版会)
『知のたのしみ　学のよろこび』(共著，岩波書店)　ほか

インド哲学10講　　岩波新書(新赤版)1709

2018年3月20日　第1刷発行
2024年5月24日　第5刷発行

著　者　赤松明彦《あかまつあきひこ》

発行者　坂本政謙

発行所　株式会社 岩波書店
〒101-8002 東京都千代田区一ツ橋2-5-5
案内 03-5210-4000　営業部 03-5210-4111
https://www.iwanami.co.jp/

新書編集部 03-5210-4054
https://www.iwanami.co.jp/sin/

印刷・三陽社　カバー・半七印刷　製本・中永製本

ISBN 978-4-00-431709-8　　Printed in Japan

岩波新書新赤版一〇〇〇点に際して

ひとつの時代が終わったと言われて久しい。だが、その先にいかなる時代を展望するのか、私たちはその輪郭すら描きえていない。二〇世紀から持ち越した課題の多くは、未だ解決の緒を見つけることのできないままであり、二一世紀が新たに招きよせた問題も少なくない。グローバル資本主義の浸透、憎悪の連鎖、暴力の応酬——世界は混沌として深い不安の只中にある。

現代社会においては変化が常態となり、速さと新しさに絶対的な価値が与えられた。消費社会の深化と情報技術の革命は、種々の境界を無くし、人々の生活やコミュニケーションの様式を根底から変容させてきた。ライフスタイルは多様化し、一面では個人の生き方をそれぞれが選びとる時代が始まっている。同時に、新たな格差が生まれ、様々な次元での亀裂や分断が深まっている。社会や歴史に対する意識が揺らぎ、普遍的な理念に対する根本的な懐疑や、現実を変えることへの無力感がひそかに根を張りつつある。そして生きることに誰もが困難を覚える時代が到来している。

しかし、日常生活のそれぞれの場で、自由と民主主義を獲得し実践することを通じて、私たち自身がそうした閉塞を乗り超え、希望の時代の幕開けを告げてゆくことは不可能ではあるまい。そのために、いま求められていること——それは、個と個の間で開かれた対話を積み重ねながら、人間らしく生きることの条件について一人ひとりが粘り強く思考することではないか。その営みの糧となるものが、教養に外ならないと私たちは考える。歴史とは何か、よく生きるとはいかなることか、世界そして人間はどこへ向かうべきなのか——こうした根源的な問いとの格闘が、文化と知の厚みを作り出し、個人と社会を支える基盤としての教養となった。まさにそのような教養への道案内こそ、岩波新書が創刊以来、追求してきたことである。

岩波新書は、日中戦争下の一九三八年一一月に赤版として創刊された。創刊の辞は、道義の精神に則らない日本の行動を憂慮し、批判的精神と良心的行動の欠如を戒めつつ、現代人の現代的教養を刊行の目的とする、と謳っている。以後、青版、黄版、新赤版と装いを改めながら、合計二五〇〇点余りを世に問うてきた。そして、いままた新赤版が一〇〇〇点を迎えたのを機に、人間の理性と良心への信頼を再確認し、それに裏打ちされた文化を培っていく決意を込めて、新しい装丁のもとに再出発したいと思う。一冊一冊から吹き出す新風が一人でも多くの読者の許に届くこと、そして希望ある時代への想像力を豊かにかき立てることを切に願う。

（二〇〇六年四月）

岩波新書より

哲学・思想

アリストテレスの哲学　中畑正志
スピノザ　國分功一郎
哲人たちの人生談義　ストア哲学をよむ　國方栄二
西田幾多郎の哲学　小坂国継
死者と霊性　末木文美士編
道教思想10講　神塚淑子
マックス・ヴェーバー　今野元
新実存主義　マルクス・ガブリエル　廣瀬覚訳
日本思想史　末木文美士
ミシェル・フーコー　慎改康之
ヴァルター・ベンヤミン　柿木伸之
モンテーニュ　人生を旅するための7章　宮下志朗
マキァヴェッリ　鹿子生浩輝
世界史の実験　柄谷行人
ルイ・アルチュセール　市田良彦
異端の時代　森本あんり

ジョン・ロック　加藤節
インド哲学10講　赤松明彦
マルクス　資本論の哲学　熊野純彦
日本文化をよむ　5つのキーワード◆　藤田正勝
中国近代の思想文化史　坂元ひろ子
憲法の無意識　柄谷行人
ホッブズ　リヴァイアサンの哲学者　田中浩
プラトンとの哲学　対話篇をよむ◆　納富信留
〈運ぶヒト〉の人類学　川田順造
哲学の使い方　鷲田清一
ヘーゲルとその時代　権左武志
人類哲学序説　梅原猛
加藤周一　海老坂武
哲学のヒント◆　藤田正勝
空海と日本思想◆　篠原資明
論語入門　井波律子
トクヴィル　現代へのまなざし　富永茂樹
和辻哲郎　熊野純彦

宮本武蔵　魚住孝至
西田幾多郎　藤田正勝
丸山眞男　苅部直
西洋哲学史　近代から現代へ　熊野純彦
西洋哲学史　古代から中世へ　熊野純彦
世界共和国へ　柄谷行人
悪について　中島義道
神、この人間的なもの◆　なだいなだ
近代の労働観　今村仁司
プラトンの哲学　藤沢令夫
術語集Ⅱ　中村雄二郎
マックス・ヴェーバー入門　山之内靖
ハイデガーの思想　木田元
臨床の知とは何か　中村雄二郎
新哲学入門◆　廣松渉
「文明論之概略」を読む　上・中・下　丸山真男
術語集　中村雄二郎
死の思索　松浪信三郎

岩波新書より

戦後思想を考える◆	日高六郎
イスラーム哲学の原像	井筒俊彦
エピクテートス	鹿野治助
北米体験再考	鶴見俊輔
孟子	金谷治
知者たちの言葉	斎藤忍随
現代日本の思想◆	久野収 鶴見俊輔
日本の思想	丸山真男
権威と権力	なだいなだ
時間	滝浦静雄
朱子学と陽明学	島田虔次
デカルト	野田又夫
プラトン◆	斎藤忍随
ソクラテス	田中美知太郎
古典への案内	田中美知太郎
現代論理学入門	沢田允茂
現象学	木田元
実存主義◆	松浪信三郎
日本文化の問題◆	西田幾多郎

哲学入門	三木清

(2023.7)　◆は品切，電子書籍版あり．(J2)

世界史

軍と兵士のローマ帝国　井上文則
西洋書物史への扉　髙宮利行
「音楽の都」ウィーンの誕生　ジェラルド・グローマー
マルクス・アウレリウス『自省録』のローマ帝国　南川高志
古代ギリシアの民主政　橋場弦
曾国藩「英雄」と中国史　岡本隆司
人種主義の歴史　平野千果子
スポーツからみる東アジア史　高嶋航
スペイン史10講　立石博高
ヒトラー　芝健介
ユーゴスラヴィア現代史〔新版〕　柴宜弘
東南アジア史10講　古田元夫
チャリティの帝国　金澤周作
太平天国　菊池秀明
ドイツ統一　アンドレアス・レダー　板橋拓己訳
人口の中国史　上田信
カエサル　小池和子
世界遺産　中村俊介
奴隷船の世界史　布留川正博
独ソ戦　絶滅戦争の惨禍　大木毅
イタリア史10講　北村暁夫
フランス現代史　小田中直樹
移民国家アメリカの歴史　貴堂嘉之
フィレンツェ　池上俊一
マーティン・ルーサー・キング　黒﨑真
ナポレオン　杉本淑彦
ガンディー　平和を紡ぐ人　竹中千春
イギリス現代史　長谷川貴彦
ロシア革命　破局の8か月　池田嘉郎
天下と天朝の中国史　檀上寛
孫文　深町英夫
古代東アジアの女帝　入江曜子
新・韓国現代史　文京洙
ガリレオ裁判　田中一郎
人間・始皇帝　鶴間和幸
袁世凱　岡本隆司
二〇世紀の歴史　木畑洋一
イギリス史10講　近藤和彦
植民地朝鮮と日本　趙景達
シルクロードの古代都市　加藤九祚
中華人民共和国史〔新版〕　天児慧
物語 朝鮮王朝の滅亡◆　金重明
新・ローマ帝国衰亡史　南川高志
近代朝鮮と日本　趙景達
マヤ文明　青山和夫
北朝鮮現代史　和田春樹
四字熟語の中国史◆　冨谷至
李鴻章　岡本隆司
新しい世界史へ　羽田正
パル判事　中里成章
グランドツアー　18世紀イタリアへの旅　岡田温司
パリ　都市統治の近代　喜安朗

岩波新書より

- ノモンハン戦争 モンゴルと満洲国　田中克彦
- 中国という世界　竹内実
- ウィーン 都市の近代　田口晃
- 紫禁城　入江曜子
- ジャガイモのきた道　山本紀夫
- 創氏改名　水野直樹
- フランス史10講　柴田三千雄
- 地中海　樺山紘一
- 多神教と一神教　本村凌二
- 奇人と異才の中国史　井波律子
- ドイツ史10講　坂井榮八郎
- ナチ・ドイツと言語　宮田光雄
- ニューヨーク◆　亀井俊介
- 離散するユダヤ人　小岸昭
- 現代史を学ぶ　溪内謙
- アメリカ黒人の歴史〔新版〕　本田創造
- 文化大革命と現代中国　安藤正士・太田勝洪・辻康吾
- フットボールの社会史　F・P・マグーンJr　忍足欣四郎訳

- コンスタンティノープル千年　渡辺金一
- ペスト大流行　村上陽一郎
- ピープス氏の秘められた日記　臼田昭
- 中世ローマ帝国　渡辺金一
- モロッコ　山田吉彦
- シベリアに憑かれた人々　加藤九祚
- インカ帝国◆　泉靖一
- 中国の隠者　富士正晴
- 漢の武帝◆　吉川幸次郎
- 孔子　貝塚茂樹
- 中国の歴史 上・中・下◆　貝塚茂樹
- インドとイギリス　吉岡昭彦
- アリストテレスとアメリカ・インディアン　L・ハンケ　佐々木昭夫訳
- フランス革命小史◆　河野健二
- 魔女狩り　森島恒雄
- 風土と歴史　飯沼二郎
- ヨーロッパとは何か　増田四郎
- 世界史概観 上・下　H・G・ウェルズ　長谷部文雄・阿部知二訳

- 歴史の進歩とはなにか◆　市井三郎
- 歴史とは何か　E・H・カー　清水幾太郎訳
- フランス ルネサンス断章　渡辺一夫
- チベット　多田等観
- 奉天三十年 上・下　クリスティー　矢内原忠雄訳
- ドイツ戦歿学生の手紙　ヴィットコップ編　高橋健二訳
- アラビアのロレンス 改訂版◆　中野好夫

シリーズ 中国の歴史

- 中華の成立 唐代まで　渡辺信一郎
- 江南の発展 南宋まで　丸橋充拓
- 草原の制覇 大モンゴルまで　古松崇志
- 陸海の交錯 明朝の興亡　檀上寛
- 「中国」の形成 現代への展望　岡本隆司

シリーズ 中国近現代史

- 清朝と近代世界 19世紀　吉澤誠一郎

岩波新書より

近代国家への模索 1894-1925　川島　真
革命とナショナリズム 1925-1945　石川禎浩
社会主義への挑戦 1945-1971　久保　亨
開発主義の時代へ 1972-2014　高原明生・前田宏子
中国の近現代史をどう見るか　西村成雄

シリーズ アメリカ合衆国史

植民地から建国へ 19世紀初頭まで　和田光弘
南北戦争の時代 19世紀　貴堂嘉之
20世紀アメリカの夢 世紀転換期から一九七〇年代　中野耕太郎
グローバル時代のアメリカ 冷戦時代から21世紀　古矢　旬

シリーズ 歴史総合を学ぶ

世界史の考え方　小川幸司・成田龍一 編
歴史像を伝える　成田龍一

世界史とは何か　小川幸司

宗　教

空　海	松長有慶
最澄と徳一　仏教史上最大の対決	師　茂樹
ブッダが説いた幸せな生き方	今枝由郎
ヒンドゥー教10講	赤松明彦
東アジア仏教史	石井公成
ユダヤ人とユダヤ教	市川　裕
初期仏教　ブッダの思想をたどる	馬場紀寿
内村鑑三　悲しみの使徒	若松英輔
トマス・アクィナス　理性と神秘	山本芳久
アウグスティヌス　「心」の哲学者	出村和彦
パウロ　十字架の使徒	青野太潮
弘法大師空海と出会う	川﨑一洋
高野山	松長有慶
マルティン・ルター	徳善義和
教科書の中の宗教	藤原聖子
『教行信証』を読む　親鸞の世界へ	山折哲雄
国家神道と日本人	島薗　進
聖書の読み方	大貫　隆
親鸞をよむ◆	山折哲雄
日本宗教史	末木文美士
法華経入門	菅野博史
中世神話	山本ひろ子
イスラム教入門	中村廣治郎
ジャンヌ・ダルクと蓮如	大谷暢順
蓮　如	五木寛之
密　教	松長有慶
日本の新興宗教	高木宏夫
背教者の系譜	武田清子
聖書入門	小塩　力
イエスとその時代◆	荒井　献
慰霊と招魂	村上重良
国家神道◆	村上重良
お経の話	渡辺照宏
死後の世界	渡辺照宏
日本の仏教	渡辺照宏
仏　教〔第二版〕	渡辺照宏
禅と日本文化	鈴木大拙　北川桃雄訳